TONI RIETVELD

Decca, Radar und Satellitennavigation

Deutsch von Wulf Barow

DELIUS KLASING VERLAG

Titel der holländischen Originalausgabe
DECCA, RADAR EN SATELLIETNAVIGATIE
verlegt bei Hollandia BV
Baarn, Nederland 1986
Umschlag: Ekkehard Schonart
ISBN: 3-87412-087-2

Gesamtherstellung: Ludwig Auer GmbH, Donauwörth
Printed in Germany 1988

Inhalt

Vorwort

Zahlreiche Personen und Firmen haben dazu beigetragen, dieses Buch auf den neuesten technischen Stand zu bringen, haben Fragen beantwortet und Material zur Verfügung gestellt. Im einzelnen danken wir:

AP Radiotelefon (Dänemark)
A. M. L. International (Bruinisse, Niederlande)
P. J. Feteris BV (Scheveningen)
Internationale Navigatie Apparaten BV (Rotterdam)
Holland Nautic Apeldoorn BV (Apeldoorn)
Kust- en Scheepsradio der PTT (Niederländische Post)
Magnavox (USA)
Mars Electronics (Großbritannien)
Racal Decca (Großbritannien)
Radio Holland (Amsterdam)
Rochwell (USA)
Sailtron BV (Utrecht)
Herr G. J. Sonnenberg (Leidschendam, Niederlande)
Standard Telecommunication Laboratories (Großbritannien)

Des weiteren danken wir für die kritische Durchsicht des Manuskripts den Herren T. J. M. Gruter und W. Mundt sowie Frau L. L. Rietveld-Toelle. Die Zeichnungen stammen von Karel Heijnen.

Selbstverständlich bleibt der Autor für mögliche Unrichtigkeiten verantwortlich.

Die Abbildungen 4.4 und 4.5 in Kapitel 4 wurden mit freundlicher Genehmigung des Verlags Macmillan Press Ltd. aus dem *Macmillan and Silk Cut Nautical Almanac* übernommen.

T. R.

1 Einleitung

Die alten Zeiten sind vorbei. Der Yachtskipper von heute ist nicht länger auf Methoden zur Standortbestimmung angewiesen, die zum größten Teil aus dem vorigen Jahrhundert stammen. Die moderne Elektronik schickt sich an, auch den Yachtsport fest in den Griff zu bekommen; um so mehr, da selbst aufwendige Navigationsmittel wie Decca oder Satellitennavigation, die bisher nur der Großschiffahrt vorbehalten waren, auch für den Sportschiffer erschwinglich geworden sind.

Hingegen birgt diese Entwicklung auch Gefahren in sich. Nur zu schnell nämlich wird sich der Skipper dazu verleiten lassen, voll der Elektronik zu vertrauen und seine alte Gewohnheit fallenzulassen, sorgfältig ein gegißtes Besteck zu führen. Das gilt für kleine Küstentörns ebenso wie für Langfahrten, auf denen die Besteckkontrolle durch astronomische Messungen nicht unterbleiben darf. Es kann nicht nachdrücklich genug darauf hingewiesen werden, daß die Elektronik nichts weiter sein kann als ein Hilfsmittel für die Navigation. Blindes Vertrauen in sie ist töricht und gefährlich. Diese Warnung ist nicht aus der Luft gegriffen, denn die Erfahrung lehrt, daß selbst die modernsten und benutzerfreundlichsten Geräte fehlerhaft oder defekt sein können oder mit den verkehrten Daten gefüttert oder falsch abgelesen werden. Und schließlich können sie ganz einfach ihren Dienst versagen, weil der Strom ausgefallen ist – eine an Bord kleiner Schiffe nicht gerade seltene Störung. Die Palette der elektronischen Navigationshilfen ist sehr vielfältig, insbesondere wenn man den Terminus „Navigationshilfe“ großzügig auslegt. Zur Orientierung folgt eine Aufzählung der möglichen Hilfsmittel.

Zur Bestimmung von Kurs und Geschwindigkeit:
- elektronisch kompensierter Kompaß
- Gyrokompaß
- Kursänderungsanzeiger
- elektromagnetisches Log
- Doppler-Log

Zur Verhütung von Kollisionen und zur Herstellung von Funkkontakt:
- UKW-Funktelefon
- Funktelefonie auf anderen Frequenzen und über Satellit (SATCOM, INMARSAT)
- Radar
- Radardetektor

Zur Standortbestimmung:
- Funkpeiler
- UKW-Funkortung
- CONSOL
- DECCA
- LORAN
- GPS
- TRANSIT
- Trägheitsnavigation

Als Navigationshilfe und zur Erhöhung der Sicherheit auf See:
- Echolot
- Taschenrechner
- Wetterkartenschreiber
- Wetterberichtspeicher (Navtex – automatische Wetter- und Warnfunkaufzeichnung)
- Positionsschreiber

Nicht aufgeführt wurde typische Segelyachtausrüstung wie Anzeiger für scheinbaren Wind und ähnliches.

Die aus allen diesen Hilfsmitteln getroffene Auswahl beruht auf vier Kriterien:

a) das Hilfsmittel wurde bislang noch wenig in der Yachtliteratur beschrieben;
b) das Hilfsmittel ist für einen nicht geringen Interessentenkreis erschwinglich;
c) das Hilfsmittel hat Zukunft und
d) es gibt darüber genügend Dokumentation.

Aufgrund dieser Merkmale wurde die Auswahl auf die folgenden Verfahren beschränkt:

- UKW-Funkfeuer
- DECCA, LORAN und OMEGA,
- Standortbestimmung mit Hilfe von Satelliten und
- Radar,

wobei den letzten drei die größte Bedeutung zugemessen wird.

In diesem Buch soll der Versuch unternommen werden, die Funktion der oben genannten Navigationshilfen zu erklären; ebenso wird erwähnt, wo ihre starken und schwachen Seiten liegen. Vorkenntnisse sind nicht erforderlich.

Vorangestellt wird eine kurze Darstellung einiger auf Yachten anwendbarer Verfahren zur Positionsbestimmung.

2 Verfahren zur Standortbestimmung

Methoden zur Standortbestimmung gibt es viele. Die folgende kurze Beschreibung konventioneller und moderner Verfahren stützt sich auf fünf Merkmale: *Anwendungsgebiet, Genauigkeit, Ausrüstung, Anschaffungspreis* (ungefähr), *Besonderheiten.*

2.1 Astronomische Standortbestimmung

Anwendungsgebiet: weltweit, tagsüber, wenn die Sonne sichtbar ist, und in der Dämmerung, wenn Fixsterne, Planeten und der Mond bereits und die Kimm noch sichtbar sind.

Genauigkeit: 1 bis 4 sm, je nach Erfahrung des Navigators und Wetterbedingungen.

Ausrüstung: ein Sextant, ein Almanach mit den Ephemeriden und ein einfacher Taschenrechner. Es gibt Taschenrechner, die diese astronomischen Tafeln errechnen können; dann braucht man den Almanach natürlich nur als Reserve. Anstelle der Rechenmaschine kann man auch auf die Reduktionstafeln zurückgreifen. Es darf nicht unerwähnt bleiben, daß die Tafeln ein sichereres Instrument als der Taschenrechner sind.

Preis: Sextanten gibt es für 150 Mark bis 1500 Mark. Zahlreiche Yachtskipper haben mit verhältnismäßig billigen Kunststoffsextanten gute Resultate erzielt. Ein Taschenrechner braucht nicht mehr als 75 Mark zu kosten, einen Almanach bekommt man für 50 Mark und die Tafeln für 40 Mark.

Besonderheit: Für Ortsbestimmungen mit Hilfe der Sonne werden zwei zeitlich – etwa 2 Stunden – voneinander getrennte Standlinien benötigt.

Allerdings erhält man mit zwei oder mehr Sternbeobachtungen sofort einen Standort.

2.2 Funkfeuer

Anwendungsgebiet: fast überall in Küstennähe, mit größten Entfernungen vom Sender zwischen 20 und 200 Seemeilen.

Genauigkeit: 1 bis 5 sm, abhängig von einer Reihe Faktoren wie Entfernung zum Sender, Qualität des Funkpeilgerätes, Beeinflussung der Funkwellen durch schiffseigenes Metall, atmosphärische Bedingungen, Erfahrung des Skippers usw.

Ausrüstung: entweder ein einfaches Funkpeilgerät mit Ferritantenne und Peilkompaß oder, erforderlich bei Stahlschiffen, ein Gerät mit Peilrahmenantenne außerhalb der Kajüte. Die portablen Funkpeiler arbeiten mit Batterien, die größeren ortsfesten Geräte werden aus dem Bordnetz gespeist. Des weiteren benötigt man eine Liste der Funkfeuer mit ihren Positionen, Reichweiten und Kennungen (Seehandbücher).

Preis: zwischen 700 und 3000 Mark.

Besonderheit: Man erhält seine Position nicht direkt, sondern eine Standlinie; für den Ort muß man zwei oder mehr Funkfeuer peilen (Kreuzpeilung).

2.3 Consolfunkfeuer

Anwendungsgebiet: Europa. Sehr wahrscheinlich wird dieses ungenaue, jedoch sehr billige Verfahren in einigen Jahren nicht mehr arbeiten.

2.4 UKW-Funkfeuer

Anwendungsgebiet: zur Zeit noch beschränkt auf den Ärmelkanal zwischen Calais und der englischen Küste, Entfernung vom Sender maximal 20 sm.

Genauigkeit: noch nicht eindeutig festgestellt, jedoch nach eigener Erfahrung und der Erfahrung anderer ungefähr ½ bis 1 sm.

Ausrüstung: ein UKW-Funksprechgerät und die zugehörige Antenne; Stromquelle ist normalerweise der Bordakku. Um die gesendeten Signale verarbeiten zu können, muß man das Sendeschema kennen, um zu rechtweisenden Peilungen zu kommen. Solche Schemata sind lose erhältlich und werden außerdem in den bekannten Seehandbüchern abgedruckt.

Für den Betrieb eines UKW-Funkgerätes wird eine Lizenz verlangt.

Preis: ab 1600 Mark.

Besonderheit: zur Ortsbestimmung werden die Signale mindestens zweier Sender benötigt, die in Zeitintervallen von ungefähr 4 Minuten senden.

2.5 DECCA

Anwendungsgebiet: Westeuropa, Südafrika, Persischer Golf, Teile des Indischen Ozeans, Japan, Nordwestaustralien (die DECCA-Kette in Neufundland wurde aufgehoben).

Genauigkeit: ungefährt 0,1 sm; unter besonderen Umständen kann die Genauigkeit erheblich abnehmen oder die Ortsbestimmung völlig wertlos werden.

Ausrüstung: ein Funkempfänger mit integriertem Rechner, der DECCA-Signale verarbeiten kann, zum Beispiel ein AP-Navigator und eine passende Antenne. Als Stromquelle dient der Bordakku, der Verbrauch liegt zwischen 2 und 4 W/h. Für eine sinnvolle Benutzung muß das Gerät während des ganzen Törns eingeschaltet bleiben.

Preis: zwischen 1500 und 5000 Mark.

Besonderheiten: einen guten Empfang der DECCA-Signale vorausgesetzt, erhält man fortlaufend die Position, die auf einem Display angegeben wird.

Außerdem verfügen die meisten für den Yachtsport bestimmten Geräte über weitere Navigationshilfen, wie etwa die Kursbestimmung zu vorher festgelegten Wegpunkten (waypoints).

2.6 Omega

Anwendungsgebiet: weltweit.

Genauigkeit: tagsüber: 1 bis 1,5 sm; nachts 2 bis 10 sm.

Ausrüstung: ein Omega-Empfänger und eine passende Antenne. Als Stromquelle dient der Bordakku.

Preis: je nach Modell 7000 bis 20 000 Mark.

Besonderheiten: das Gerät muß während des ganzen Törns eingeschaltet bleiben, die Position kann fortlaufend von einem Display abgelesen werden. Das Omega-Verfahren wird wenig eingesetzt und wird ab 1992 nur noch bedingt zur Verfügung stehen.

2.7 Loran-C

Anwendungsgebiet: ungefähr 70% der nördlichen Halbkugel (nicht entlang der englischen Südküste, wohl aber im Mittelmeer).

Genauigkeit: 0,2 bis 1,5 sm.

Ausrüstung: ein Loran-Navigationsgerät, eine Antenne und als Stromquelle der Bordakku.

Preis: 2000 bis 4000 Mark.

Besonderheiten: Das Gerät braucht nicht fortwährend eingeschaltet zu bleiben, um zu jedem gewünschten Zeitpunkt einen Standort zu erhalten. Zur Zeit werden Versuche durchgeführt, Loran auch auf der Nordsee zu installieren. Ab 1992, wenn GPS vollwertig arbeiten soll, könnte Loran-C wieder abgeschafft werden.

2.8 TRANSIT-Satellitennavigation

Anwendungsgebiet: weltweit.

Genauigkeit: je nach Satellitenposition und Schiffsbewegungen 0,2 bis 4 sm.

Ausrüstung: ein Satelliten-Navigationsgerät, eine Antenne und als Stromquelle der Bordakku.

Preis: je nach Ausführung 2500 bis 5000 Mark.

Besonderheiten: Schiffspositionen können mit Zwischenräumen von 45 bis 90 Minuten (bisweilen länger) erhalten werden. Die meisten Satelliten-Navigationsverfahren bieten noch andere Hilfen wie Koppelortbestimmung, Kursberechnung usw.

Ab 1994 oder etwas später wird das TRANSIT-Verfahren nicht mehr zur Verfügung stehen und von einem anderen, dem GPS-Satelliten-Navigationsverfahren, ersetzt worden sein.

2.9 GPS-NAVSTAR-Satellitennavigation

Anwendungsgebiet: weltweit.

Genauigkeit: 0,1 sm; allerdings stehen noch keine Testergebnisse vom Einsatz auf Yachten zur Verfügung.

Ausrüstung: GPS-Navigationsgerät mit Antenne; als Stromquelle dient der Bordakku.

Preis: mittelfristig wird der Preis nicht sehr vom Preis vergleichbarer Navigationsverfahren abweichen.

Besonderheiten: GPS liefert fortlaufend Positionen, man braucht nicht mehr wie beim TRANSIT-Verfahren darauf zu warten, bis ein Satellitendurchgang erfolgt. Zweifellos kann GPS, das Ende der achtziger Jahre betriebsbereit sein soll, das wichtigste Navigationsverfahren der Zukunft genannt werden.

2.10 Radar

Anwendungsgebiet: weltweit; eine Standortbestimmung kann vorgenommen werden, wenn erkennbare Punkte nicht weiter als 20 sm entfernt liegen.

Genauigkeit: abhängig von der Genauigkeit, mit der bekannte Punkte auf dem Radarschirm erkannt werden können: höchstens 0,1 sm. In den meisten Fällen wird die Genauigkeit geringer sein, sie hängt sehr von der Erfahrung des Navigators und von der Erkennbarkeit des Radarechos ab.

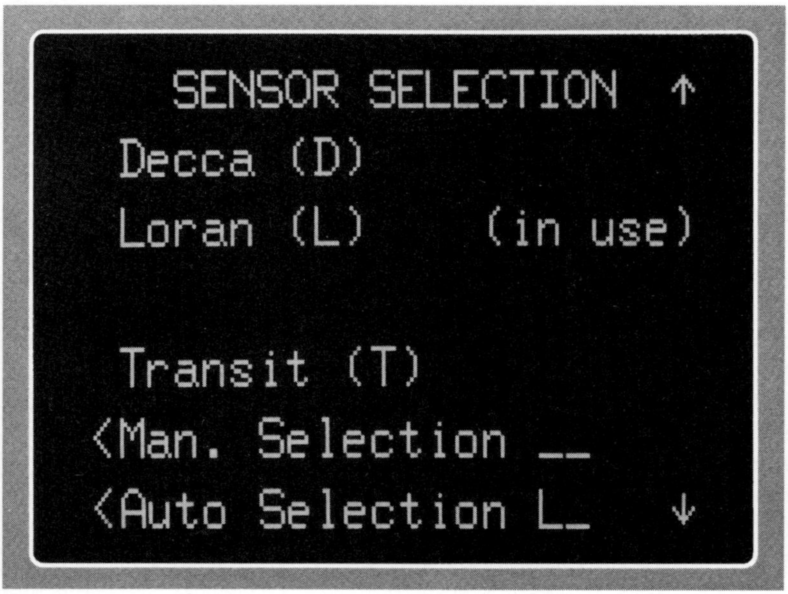

2.1 Display des MNS 2000 Racal Decca

Ausrüstung: ein Radargerät, eine Radarantenne und Stromversorgung aus dem Bordnetz.

Preis: ab 4000 Mark.

Besonderheiten: ein Radargerät hat zwei Anwendungsmöglichkeiten: a) das Verhüten von Kollisionen und b) die Standortbestimmung. Beide Zwecke verlangen vom Skipper Sachkunde und Übung. Für den Gebrauch von Radar ist – wie für die anderen auf Funkempfang beruhenden Systeme – eine Zulassung durch die Post erforderlich.

Die getrennte Beschreibung der einzelnen Navigationsverfahren bedeutet nicht, daß nicht zwei oder mehrere in einem Gerät vereinigt sein könnten.

In aufwendigeren und damit auch teureren Geräten wie RACAL-DECCA MNS 2000 wurden mehrere Ortsbestimmungsverfahren integriert. Mit diesem einen Gerät können TRANSIT, LORAN-C, DECCA und OMEGA empfangen und verarbeitet werden. Darüberhinaus werden einige Navigationsfunktionen geboten, wie Bestimmung der Ankunftszeit, Loxodrom- und Großkreiskurse usw. Die letztgenannten Möglichkeiten bieten übrigens auch preiswertere Instrumente, so daß es angebracht ist, nicht mehr von Positionsbestimmungsgeräten, sondern von Navigationssystemen zu sprechen.

Soweit dies nach heutigen Maßstäben zu beurteilen ist, wird GPS-NAVSTAR das Navigationsverfahren der Zukunft sein. Andererseits besteht Grund zur Annahme, daß die heutigen Verfahren, insbesondere DECCA, noch lange Zeit eine wichtige Rolle in der Ortsbestimmung spielen werden.

3 Funkwellen

3.1 Frequenzen und Wellenlängen

Funkwellen sind elektromagnetische Wellen. Ohne tiefschürfend auf deren Eigenschaften einzugehen, müssen doch einige wichtige Grundbegriffe der Funkkommunikation und Funknavigation erläutert werden. Grundlage der gesamten Funktechnik ist das elektromagnetische Wechselfeld, das um einen stromführenden Leiter entsteht. Man spricht dabei von einem Schwingkreis, und die Antenne eines Senders (oder Empfängers) ist ein Teil davon.

Wird durch die Antenne ein Wechselstrom geschickt – das ist ein Strom, dessen Stärke und Richtung fortlaufend wechseln –, entsteht rund um die Antenne ein elektromagnetisches Strahlungsfeld. In einem groben Vergleichsbeispiel stelle man sich die Wellenkreise vor, die entstehen, wenn ein Stein in ruhiges Wasser geworfen wird. Abbildung 1 zeigt diese Wellen von oben gesehen als eine Schar konzentrischer Kreise. Doch Wasserwellen breiten sich auf einer Fläche aus, Funkwellen dagegen räumlich, also kugelförmig. Wie das Wellenmuster von der Seite aussieht, ist ebenfalls dargestellt.

Genau wie die Wasserwellen zu ihrer Erzeugung Energie benötigen, die durch die Reibung der Wasserteilchen verbraucht wird, strahlt auch eine Antenne mit den Funkwellen Energie ab; es gibt „starke" und „schwache" Sender. Die Entfernung zwischen zwei aufeinanderfolgenden Wellenbergen heißt Wellenlänge λ (sprich: lambda); sie beträgt bei Funkwellen mehrere Zentimeter bis hinauf zu Kilometern. Ein wesentliches Merkmal der Funkwellen ist die hohe Geschwindigkeit, mit der sie sich im Raum ausbreiten: 300 000 km, das ist 7½mal um die Erde in einer Sekunde! Teilt man die Geschwindigkeit durch die Wellenlänge, erhält

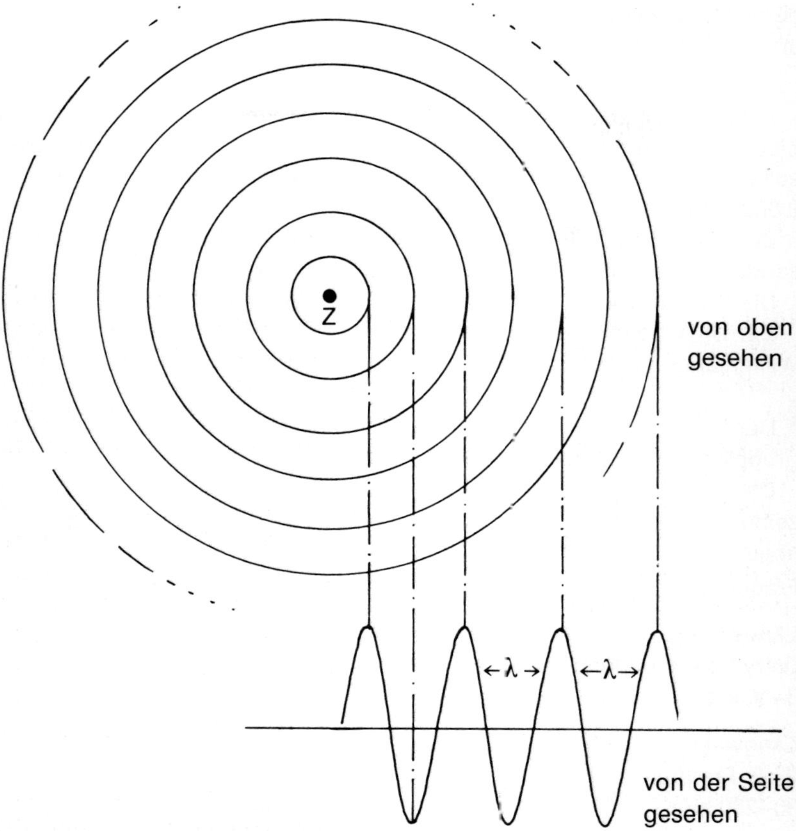

3.1 Das Strahlungsfeld eines Senders

man die Frequenz f. Das ist die Zahl der Wellenberge, die in einer Sekunde auftreten, sie wird in Hertz (Hz), Kilohertz (kHz) oder Millionen Hertz, Megahertz (MHz), angegeben. Den Zusammenhang zwischen den genannten drei Grundgrößen der Funkwellen gibt die folgende Formel an:

$$\lambda \text{ (in Metern)} \times f \text{ (in kHz)} = 300\,000 \text{ (in km/s)}.$$

In Worten: Wellenlänge multipliziert mit der Frequenz ergibt immer die Lichtgeschwindigkeit 300 000 km/s. (Licht ist auch eine elektromagnetische Wellenform mit der unvorstellbar kurzen Wellenlänge von ca. 0,0006 mm.

Zwei Beispiele: die Wellenlänge, auf der BBC-4 den Seewetterbericht sendet, beträgt 1500 Meter. Wie groß ist die Frequenz?

Die Frequenz ist 300 000 km/s : 1500 m = 200 kHz (ab 1988: 198 kHz).

Ein UKW-Sender sendet mit der Frequenz 100 MHz. Wie groß ist die Wellenlänge? Die Wellenlänge λ ist 300 000 km/s : 100 000 kHz = 3 m.

Der breite Fächer aller Frequenzen wird in einzelne Frequenzbereiche gruppiert, diese Bereiche heißen ‚Bänder'.

Die folgende Übersicht gibt an, in welchen Frequenzbändern die einzelnen zur Funknavigation und -kommunikation benutzten Frequenzen liegen.

Frequenzband:	Anwendung im Seefahrtsbereich:
Längstwelle (Very Low Frequency VLF) 3–30 kHz	OMEGA-Ortsbestimmung (10 kHz)
Langwelle (Low Frequency LF [„LW"]) 30–300 kHz	DECCA-Ortsbestimmung (70–340 kHz) LORAN-C-Ortsbestimmung (100 kHz) Rundfunk-Langwelle (140–290 kHz)
Mittelwelle (Medium Frequency MF [„MW"]) 300–3000 kHz	Funkfeuer (285–315 kHz) CONSOL-Ortsbestimmung (ca. 300 kHz) Seefunk-Telegrafieband (415–526,5 kHz) Rundfunk-Mittelwelle (535–1065 kHz) Toran-Ortsbestimmung (2000 kHz) Funktelefonie, Grenzwellenbereich, („Fischereiband") (1605–4000 kHz)

Kurzwelle (High Frequency HF [„KW"]) 3–30 MHz	Schiffstelegrafie und -telefoniebänder
Meterwellen (Very High Frequency VHF [„UKW"]) 30–300 MHz	GPS-Satellitennavigation (102,3 MHz) Rundfunk-Ultrakurzwelle (87,5–100 MHz) TRANSIT-Satellitennavigation (150 MHz) UKW-Sprechfunk (156–174 MHz)
Dezimeterwellen (Ultra High Frequency UHF) 300–3000 MHz	TRANSIT-Satellitennavigation (400 MHz) GPS-Satellitennavigation (1227,6 und 1575,4 MHz) Satellitkommunikation (1500–1600 MHz)
Zentimeterwellen (Super High Frequency SHF) 3 GHz–30 GHz	Schiffsradar (9400 MHz) X-Band 9320–9500 MHz S-Band 2920–3100 MHz

[1 GigaHertz = 1000 Megahertz]

Diese Übersicht erhebt nicht den Anspruch der Vollständigkeit und dient lediglich zur Orientierung. In der Praxis braucht sich der Skipper meistens nicht um all die Megahertze und Gigahertze zu kümmern. Jedoch sollte deutlich geworden sein, daß ein Empfangsgerät nicht jedes beliebige Signal empfangen und in eine sichtbare oder hörbare Information umwandeln kann.

3.2 Raumwellen und Bodenwellen

Außer wenn die Funkwellen von einer Richtantenne abgestrahlt werden, breiten sie sich kugelförmig nach allen Richtungen aus. Die der Erdkrümmung folgende Wellen heißen *Bodenwellen* (siehe Abbildung 3.2a). Dabei handelt es sich immer um Wellen mit relativ niedriger Frequenz (unter 100 kHz). Funkwellen mit höheren Frequenzen „verlassen" die Erde ziemlich schnell, beispielsweise bei einer nicht allzu hohen Antenne bereits

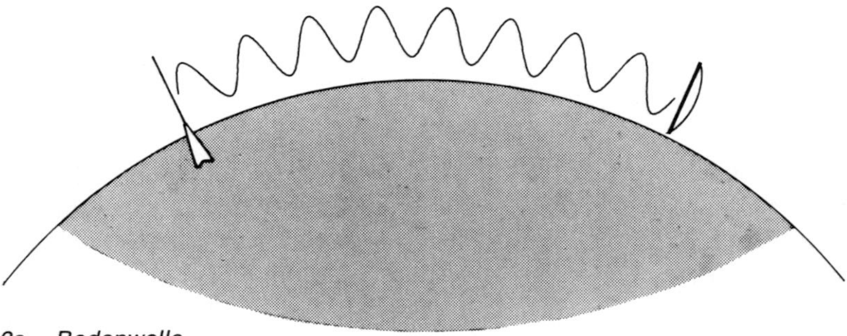

3.2a Bodenwelle

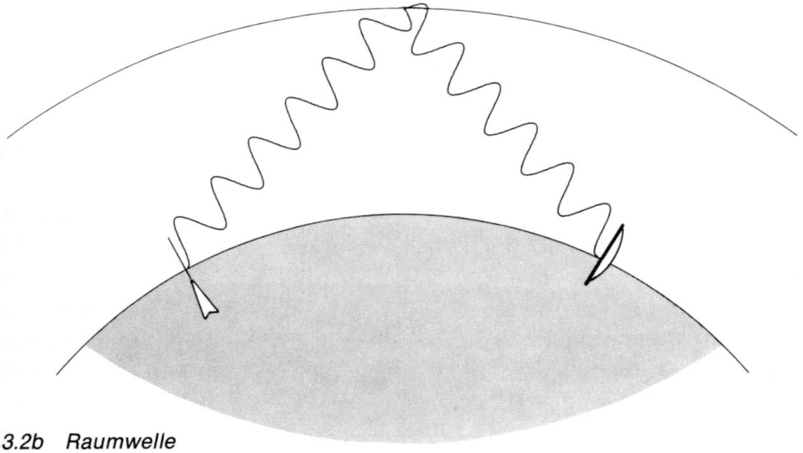

3.2b Raumwelle

nach etwa 25 Seemeilen. Wellen mit 150 MHZ oder mehr (u. a. UKW-Sprechfunk) haben darum eine ziemlich geringe Reichweite: bis zum Horizont.

Der größere Teil der Wellenenergie wird in die Atmosphäre geschickt. Dabei treffen die Funkwellen in 100 bis 300 km Höhe auf eine Schicht, die Ionosphäre genannt wird. Hier sind die Luftbestandteile unter dem Einfluß des Sonnenlichts in (positive) Ionen und (negative) Elektronen gespalten. Diese elektronischen Ladungen bleiben auf die Funkwellen nicht

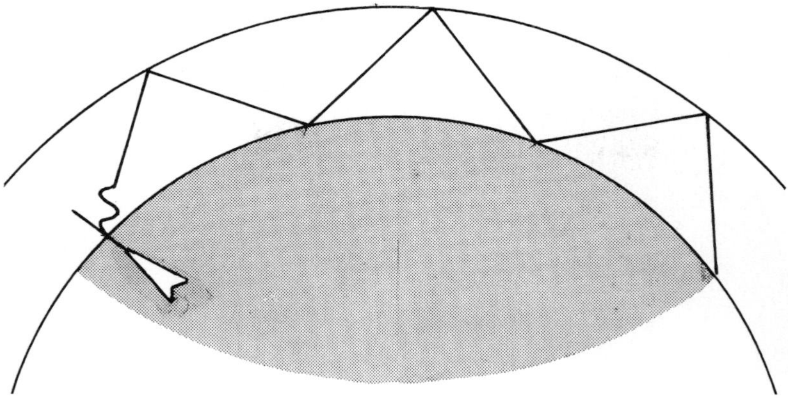

3.3 Eine mehrmals reflektierte Funkwelle

ohne Wirkung, und zwar werden sie je nach Frequenz mehr oder weniger reflektiert (Abb. 3.2b). Ein Teil durchdringt die Ionosphäre und verliert sich im Weltraum, ein anderer Teil kehrt zur Erdoberfläche zurück und wird von dazu geeigneten Antennen empfangen. Die reflektierten Wellen können auf diese Weise sehr große Entfernungen überbrücken. Wenn die Bedingungen günstig sind, werden sie gar mehrere Male reflektiert und können Zehntausende von Kilometern zurücklegen (siehe Abbildung 3.3). Daß sie dabei an Energie einbüßen, ist verständlich, jedoch nicht hinderlich, da die Signale mit einfachen Mitteln verstärkt werden können. Viel ärgerlicher ist der dabei auftretende Verzerrungseffekt, weil er sich nachteilig auf die Genauigkeit der Ortsbestimmung auswirkt. Werden nämlich die Funkwellen, die ein Signal übertragen, teilweise an verschiedenen Schichten reflektiert, legen die einzelnen Teilwellen verschieden lange Wege zurück, wodurch sie bei der Antenne, von der sie empfangen werden, eine „Phasenverschiebung“ aufweisen, d. h. die Wellentäler und -berge fallen nicht zusammen (Abb. 3.5).

Die Ionosphäre besteht aus mehreren ionisierten Schichten: zwei reflektierende Schichten in jeweils 300 und 100 km Höhe, die am Tage und in der Nacht anwesend sind, und eine sogenannte D-Schicht, die Funkwellen absorbiert. Dieser energieschluckende Effekt ist tagsüber weitaus

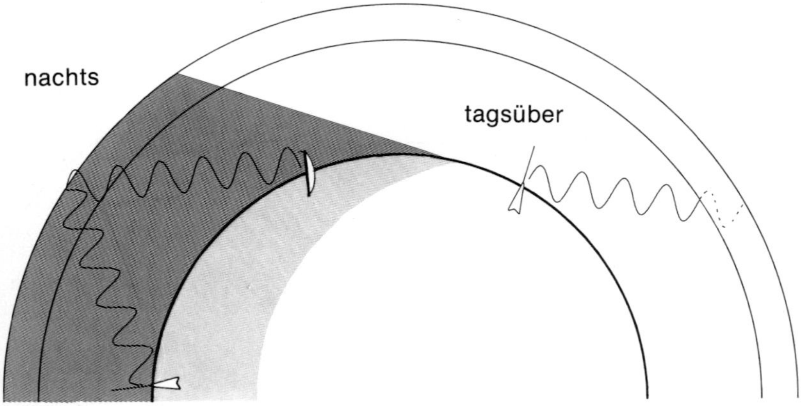

3.4 Funkwellen tagsüber und nachts

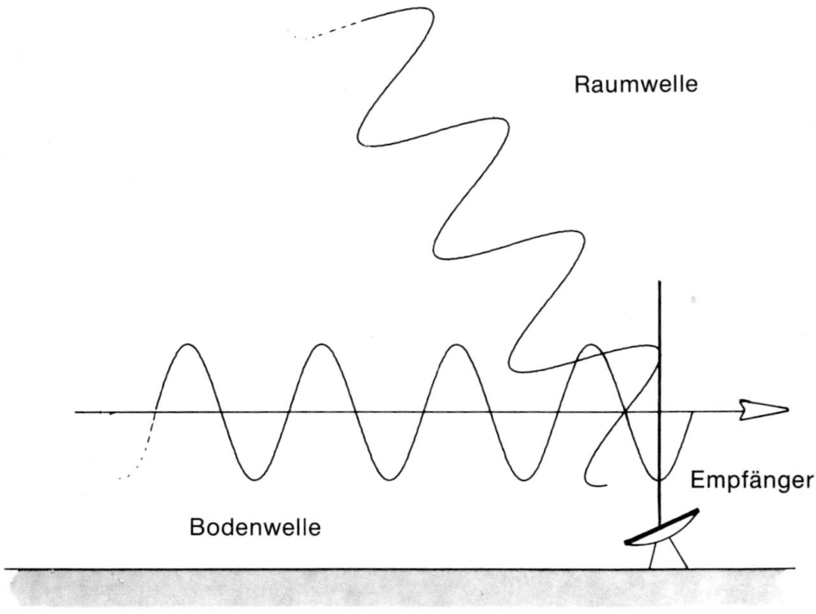

3.5 Raumwelle und Bodenwelle erreichen die Antenne mit einer Phasenverschiebung, die durch den Umweg der Raumwelle über die Ionosphäre verursacht wird.

stärker als nachts. Das liegt ganz einfach an der ionisierenden Eigenschaft des Sonnenlichts: Tagsüber entstehen viele Ionen, die sich mit Einbruch der Dunkelheit wieder zu Atomen und Molekülen neutralisieren. Das heißt aber, daß dann die Funkwellen diese Schicht ungeschwächt durchdringen und somit zu den reflektierenden Schichten und auch wieder zurück auf die Oberfläche gelangen können (siehe Abbildung 3.4)

Wie bereits erwähnt, werden nicht alle elektromagnetischen Wellen wieder zur Erde zurückgeworfen. Dies hängt vielmehr von ihrer Frequenz ab. Je höher die Frequenz, also je kürzer die Wellenlänge, desto weniger wird reflektiert. Beispielsweise sind die Wellen des UKW-Sprechfunks zu kurzwellig, sie durchdringen die Ionosphäre, und ihre Reichweite ist damit auf Sichtabstand begrenzt.

Die Existenz der Raumwellen ist bisweilen auch beim Seefunk festzustellen. So kommt es vor, daß man mit einem relativ nahen Sender entweder über seine Bodenwellen kommunizieren kann oder in großer Entfernung über die reflektierte Raumwelle. Dazwischen kann eine tote Zone liegen, in die keine Wellen gelangen. Auch beim Rundfunkempfang auf Kurz- und Mittelwelle kann man diese Beobachtung machen.

3.3 Übungsfragen

1. Nimmt die Wellenlänge einer Funkwelle mit höherer Frequenz zu oder ab?
2. Wieviel Hertz sind 3 MHz?
3. Kann eine Raumwelle eine größere oder kleinere Entfernung überbrücken als eine Bodenwelle?
4. Wann werden Funkwellen von atmosphärischen Schichten besser reflektiert, tagsüber oder nachts?
5. Welcher Effekt tritt auf, wenn Raum- und Bodenwellen desselben Signals eine Antenne erreichen?

4 UKW-Funkfeuer: Peilen mit dem Funksprechgerät

4.1 Das Prinzip

Ein neues Funkpeilverfahren ist im Kommen. Seit Anfang der achtziger Jahre wird es versuchsweise betrieben, und sein Name UKW-Funkfeuer *(VHF-Radio Lighthouse)* weist darauf hin, daß das verwendete Frequenzband im UKW-Bereich liegt. Exakt ausgedrückt: Es ist das Frequenzband des UKW-Seefunktelefons. Und gerade diese Tatsache macht das Verfahren so attraktiv, denn es ist keine besondere Empfangsapparatur notwendig, um eine Peilung auszuführen. Ein heute bereits auf vielen Yachten installiertes UKW-Seefunktelefon und eine einfache Tabelle genügen.

Alle Vorzeichen deuten darauf hin, daß das UKW-Funkpeilverfahren in Kürze aus dem Versuchsstadium kommen und an zahlreichen Orten in Europa installiert werden wird. In verschiedenen Veröffentlichungen wird darauf hingewiesen, daß sich das Verfahren vortrefflich als Ergänzung der herkömmlichen Funkpeilverfahren eignet. In Zukunft könnte es die in der Praxis doch schwierig zu ortenden Nebelsignale ersetzen. Zur Zeit sind fünf UKW-Funkfeuer in Betrieb; vier stehen in England und eins in Frankreich (Calais).

Genauso einfach wie das Arbeitsprinzip eines UKW-Funkfeuers ist auch das Peilen mit diesem Verfahren. Am besten vergleicht man das Funkfeuer mit einem normalen Leuchtturm, dessen Lichtstrahl mit einer bestimmten Geschwindigkeit um den Turm rotiert. Obendrein weiß man den genauen Zeitpunkt, wann der Lichtstrahl nach Norden weist (man könnte dies mit einem Lichtblitz angeben). Und man weiß genau, wie lange der Lichtstrahl für eine Umdrehung von Nord über Ost wieder zu Nord braucht. Angenommen, diese Zeit beträgt 60 Sekunden. Dann braucht man nur noch die Sekunden zu zählen, die vergehen vom Augen-

4.1 Sendeantenne eines UKW-Funkfeuers

blick der Nordrichtung und dem Moment, da man den Strahl wahrnimmt, und man hat die Peilung des Leuchtturms. Angenommen, man könnte diese Zeit stoppen und sie betrüge 15 Sekunden. Dann hätte der Lichtstrahl fünfzehn Sechzigstel des gesamten Kreises zurückgelegt, was

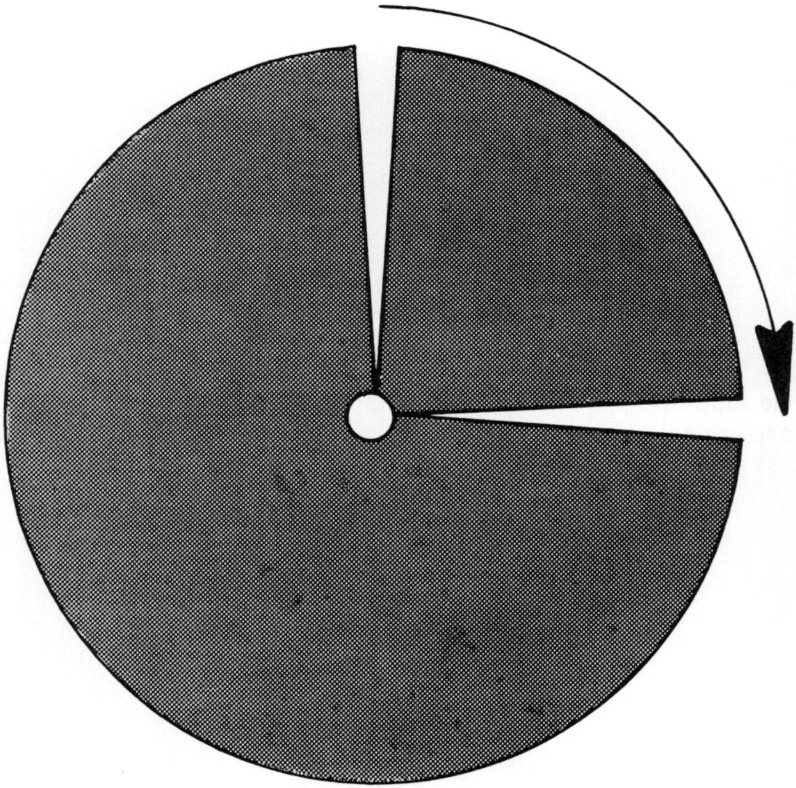

4.2 Ein Leuchtturm mit rotierendem Lichtstrahl

einem Winkel von 90° entspräche. Der Lichtstrahl weist damit nach Osten, und die rechtweisende Peilung betrüge 270°. Mit Abbildung 4.2 werden die Zusammenhänge noch einmal verdeutlicht.

Ein UKW-Funkfeuer arbeitet nach demselben Prinzip, mit dem einen Unterschied, daß anstelle von optischen Signalen elektromagnetische Wellen ausgesandt werden. Wie Abbildung 4.3 zeigt, werden zum Erzeugen dieser Funkwellen zwei Sender, Z_1 und Z_2, benutzt.

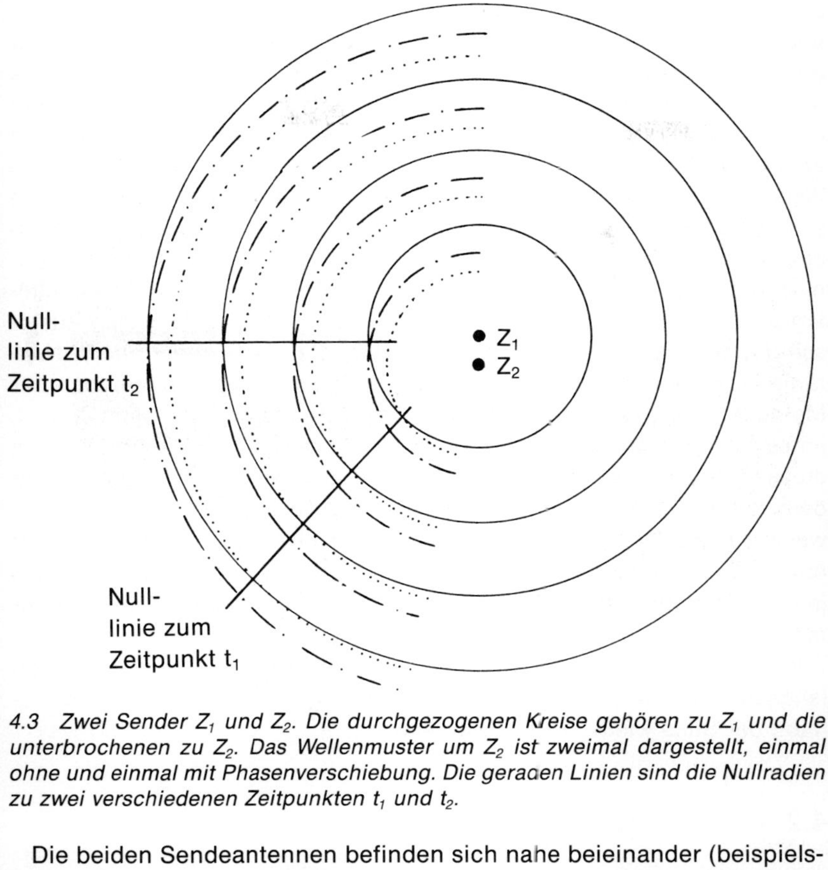

4.3 Zwei Sender Z_1 und Z_2. Die durchgezogenen Kreise gehören zu Z_1 und die unterbrochenen zu Z_2. Das Wellenmuster um Z_2 ist zweimal dargestellt, einmal ohne und einmal mit Phasenverschiebung. Die geraden Linien sind die Nullradien zu zwei verschiedenen Zeitpunkten t_1 und t_2.

Die beiden Sendeantennen befinden sich nahe beieinander (beispielsweise zusammen auf demselben Leuchtturm) und senden beide auf derselben Frequenz von ca. 160 MHz. Die Funkwellen des einen Senders (Z_1) werden als durchgezogene Kreislinien dargestellt, die des anderen Senders (Z_2) als unterbrochene Kreislinien. Die Wellenlängen der beiden Sender sind zwar gleich, jedoch sind die Wellenmuster wegen der räumlichen Trennung der beiden Sender seitlich etwas gegeneinander „verschoben". Die Wellentäler und -berge befinden sich bis auf zwei gegenüberliegende Orte an verschiedenen Stellen. Denkt man sich die vier durchgezogenen Kreise des ersten Senders als Wellenberge und die unterbrochenen Kreise des zweiten Senders als Wellentäler, erkennt man, daß es Orte gibt, an denen sich die Wellen gerade aufheben. Man erkennt außerdem, daß die Stellen, wo die Summe aus Wellental und Wellenberg genau Null ergibt, auf einer Geraden liegen. Befindet man sich mit einem Sender auf solch einer Linie, hört man nichts. Der eigentliche Kunstgriff besteht darin, daß die Wellen des zweiten Senders kontinuierlich phasenverschoben werden etwa in der Art, daß die Wellentalkreise kleiner werden. Dann wandert die Linie der gegenseitigen Auslöschung als Kreisradius um den Sender Z_1. Dieses Minimum heißt *Nullradius* und ist somit dem Lichtstrahl eines Leuchtturms vergleichbar; der Moment, in dem der Lichtstrahl eines Leuchtturms wahrgenommen wird, entspricht der „stillen Periode" eines UKW-Funkfeuers. Für eine Peilung müssen zwei Dinge genau bekannt sein: Zum einen der Zeitpunkt, zu dem der Nullradius in eine bestimmte Richtung, die Bezugsrichtung, weist, zum anderen dessen Umdrehungsgeschwindigkeit. Dann braucht nur noch das Zeitintervall zwischen dem Moment, zu dem der Nullradius in die Bezugsrichtung weist, und dem der eigenen Wahrnehmung ermittelt und in einer Tabelle der Peilwinkel abgelesen zu werden.

Im übrigen kommt der Nullradius nicht plötzlich; er kündigt sich durch langsames Schwächerwerden des Signaltones an, um nach einem Moment der Stille wieder anzuschwellen.

4.2 Die Praxis

Die praktische Anwendung ist denkbar simpel. Im Seehandbuch wird die Nummer des Sendekanals, der am UKW-Funkpeiler eingestellt werden muß, nachgeschlagen; beispielsweise 88 für den Ärmelkanal. Das anschließende Suchen nach dem gewünschten Sender erfordert etwas Geduld, da auf demselben Kanal mehrere Sender der Reihe nach senden. Mit Hilfe seines Morsekodes wird das gesuchte UKW-Funkfeuer identifiziert. Die Signalfolgen dauern genau eine Minute und sehen jeweils folgendermaßen aus:

Pause	0,1 s
Morsekode	3,2 s
Pause	2,3 s
70 Pieptöne	35,0 s
Pause	1,0 s
Morsekode	3,2 s
Pause	15,2 s

Zum Testen der Sendeantenne werden auch in den Pausen kurze Signale gesendet. Zum Peilen sind jedoch lediglich die Pieptöne und die Morsekodes wichtig.

Genau wie die herkömmlichen Seefunkfeuer bedienen sich auch die UKW-Funkfeuer eines Buchstabenkodes, beispielsweise „CL“ für Calais.

Die Pieptöne bedürfen noch einiger Erläuterung: Sie dauern jeweils 0,4 Sekunden mit Zwischenpausen von 0,1 Sekunden und müssen gezählt werden. Beim siebten Ton weist der Nullradius in die Bezugsrichtung, und aus der Anzahl der Töne bis zum Verstummen wird die Peilung abgeleitet. Da die Pieptöne ziemlich schnell hintereinander kommen, ist jeder zehnte Ton etwas länger, was das Zählen wesentlich erleichtert. Aus dem Seehandbuch ist für jeden Sender die Bezugsrichtung, wenn der siebte Ton kommt, zu entnehmen. Die ersten sieben Töne müssen mitgezählt werden. Vorausgesetzt, man hat sich nicht verzählt, kann mit Hilfe einer einfachen Formel die Peilung ermittelt werden.

$$B = R + 2 \times (N - 7)$$

Hierbei sind:
B = die rechtweisende Peilung vom Schiff zum UKW-Funkfeuer,
N = die Zahl der gezählten Pieptöne und
R = die Bezugsrichtung.

Ein Beispiel:
Calais soll gepeilt werden. Der Morsekode lautet: CL = —•—• •—•• (lang-

kurz-lang-kurz/kurz-lang-kurz-kurz). Die Bezugsrichtung (= Peilung) beträgt 90°, und es werden 48 Pieptöne gezählt. Wie lautet die rechtweisende Peilung zum UKW-Funkfeuer Calais?

$$B = 90° + 2 \times 41 = 172°.$$

Obwohl diese Formel denkbar einfach ist, braucht man sich meist nicht die Mühe zu machen, damit zu rechnen. Man sucht lediglich im einschlägigen Seehandbuch die richtige Tabelle und entnimmt dieser die rechtweisende Peilung. Das aus dem „Macmillan“ abgedruckte Fragment gibt einen Eindruck von solch einer Tabelle.

NORTH FORELAND LT 51°22 5N 1°28 8E	Count of beats	Bearing of Lt Ho from seaward (degrees)									
		0	1	2	3	4	5	6	7	8	9
Morse ident: ND —· —··	0	–	–	–	–	–	–	–	240	242	244
	10	246	248	250	252	254	256	258	260	262	264
Frequency: Ch 88 (162.025 MHz)	20	266	268	270	272	274	276	278	280	282	284
	30	286	288	290	292	294	296	298	300	302	304
Range: 20 n miles	40	306	308	310	312	314	316	318	320	322	324
Times: H24 (transmits alternately with	50	326	328	330	332	334	336	338	340	342	344
Calais Main Lt)	60	346	348	350	352	354	356	358	360	–	–

4.4 Tabelle zur Bestimmung der wahren Peilung von North Foreland Lt. mit Hilfe des UKW-Feuer-Verfahrens (Auszug aus dem Seehandbuch Macmillan & Silk Cut Nautical Almanac).

Beispiel: Vom UKW-Signal North Foreland werden 16 Pieptöne gezählt. Wie lautet die wahre Peilung dieser Station?
Antwort: 258°.

Genauigkeit und Reichweite des Verfahrens

Ebenso wie die Reichweite des UKW-Sprechfunks begrenzt ist, darf auch die Entfernung zu einem UKW-Funkfeuer nicht zu groß sein. Offiziell ist die Reichweite auf 20 Seemeilen festgelegt worden, obwohl unter günsti-

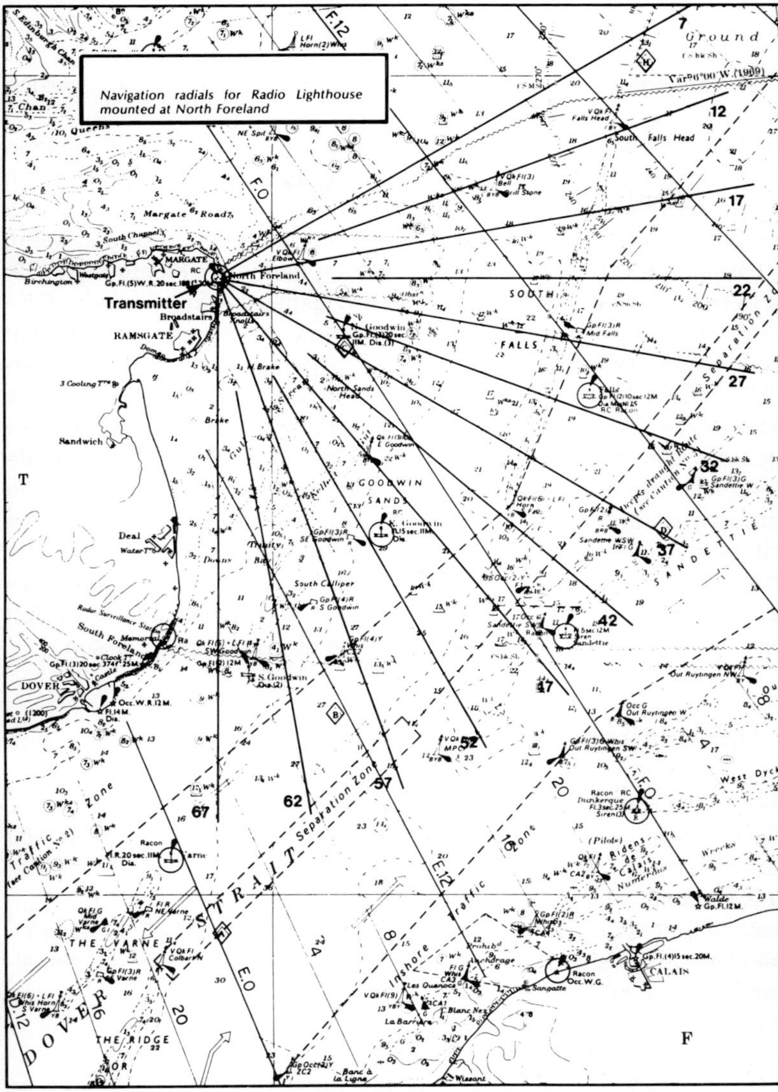

4.5 Der 120°-Peilsektor des UKW-Funkfeuers North Foreland Lt.

gen Bedingungen in weitaus größeren Entfernungen gepeilt werden kann.

Die Pieptöne Nr. 7 bis einschließlich Nr. 67 können für Peilungen herangezogen werden. Nimmt man den Nullradius, also die kurze Stille, während der Pieptöne 3 bis 6 und 68 und 69 wahr, befindet man sich außerhalb des Peilsektors. Da der Sektor, in dem gepeilt werden kann, 120° beträgt, lehrt eine einfache Rechnung, daß jeder Piepton $\frac{120}{60} = 2°$ entspricht. Die Anzahl Pieptöne muß also genau gezählt werden. Offizielle Versuchsreihen haben ergeben, daß die Genauigkeit recht groß ist: 68% der ausgeführten Peilungen waren auf 1,46° genau, während immerhin 95% der Peilungen einen Fehler unter 3,15° aufwiesen. Allerdings muß bei diesen Zahlen berücksichtigt werden, daß menschliche Irrtümer ausgeschlossen waren. Aber auch diese in der Praxis vorkommende Fehlerquelle wird in Zukunft auf ein Mindestmaß reduziert werden, denn elektronische Zähler mit digitalem Display werden das Pieptonzählen überflüssig machen. Und der Automatisierungsdrang wird auch hier nicht haltmachen. Der UKW-Funkpeiler, der nur noch mit den Daten des jeweiligen UKW-Funkfeuers gefüttert werden muß, um nach kurzer Zeit die Peilung auszuspucken, wird nicht lange auf sich warten lassen.

4.3 Übungsfragen

1. Was ist ein Nullradius?
2. Wie groß ist die Reichweite von UKW-Funkfeuern: 2, 20 oder 200 Seemeilen?
3. Was versteht man unter der Bezugsrichtung?
4. Welche Erscheinung bestimmt die Reichweite der UKW-Funkfeuer?
5. Welcher UKW-Kanal wird zur Zeit für die UKW-Funkortung im Ärmelkanal verwendet?

5 Hyperbelnavigationsverfahren zur Positionsbestimmung: DECCA, LORAN, OMEGA

5.1 Einleitung

DECCA, LORAN und OMEGA sind drei Hyperbelnavigationsverfahren. Vor allem DECCA ist in der Sportschiffahrt bekannt und am weitesten verbreitet. Allen drei Verfahren gemeinsam ist die Ortsbestimmung mit Hilfe von Hyperbelstandlinien, deren Zustandekommen in diesem Kapitel ausführlicher erläutert werden soll. Das OMEGA-Verfahren ist im Gegensatz zu DECCA als weltweites System entwickelt worden. Da es jedoch hinsichtlich der Genauigkeit doch noch zu wünschen übrigläßt und die ebenfalls weltumspannenden Satellitennavigation langsam aber sicher größere Beliebtheit erlangt, hat sich OMEGA nicht so richtig durchsetzen können. Nach 1992 wird es darum nur noch in begrenztem Maß zur Verfügung stehen.

Das LORAN-Verfahren ist zur Zeit auf der Nordsee noch nicht einsatzbereit. Ob es überhaupt dazu kommen wird, ist ungewiß. Darum soll die Funktion der Hyperbelnavigationsverfahren am Beispiel des DECCA-Systems näher erläutert werden.

5.2 Das Prinzip des DECCA-Verfahrens

Zum besseren Verständnis der Wirkungsweise des DECCA-Verfahrens müssen zuerst einige Grundbegriffe wie *Phase*, *Hyperbel*, *Lane* und *Baseline* erklärt werden.

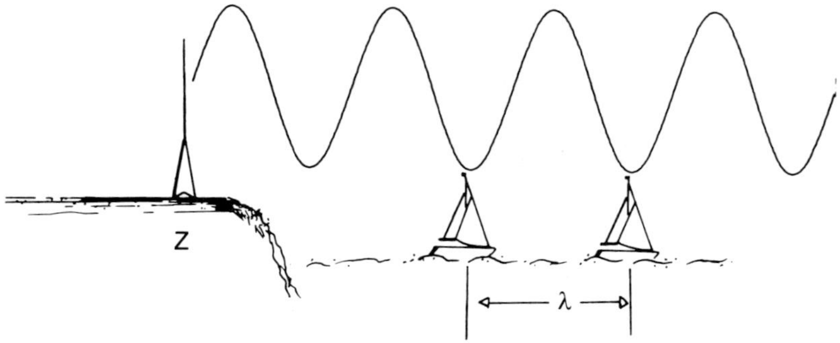

5.1 Ein Sender Z und zwei Boote, die Wellenlänge ist λ

Abbildung 5.1 zeigt eine vom Sender Z ausgehende elektromagnetische Welle und zwei Boote. Die Wellenlänge dieser Welle ist λ, das ist die Entfernung zwischen zwei aufeinanderfolgenden Wellentälern oder -bergen. Gibt man einem Wellenberg den Wert +1 und einem Wellental den Wert −1, bedeutet dies, daß auf beiden Yachten in ihren Positionen der Wert −1 gemessen wird. Die beiden Yachten sind bezüglich der Funkwelle *phasengleich.* Selbstverständlich wurde der Wert −1 willkürlich gewählt, jeder andere Wert wäre möglich, solange die Entfernung der Boote voneinander (= Wellenlänge λ) unverändert bleibt.

Mit anderen Worten: zwei Orte liegen phasengleich, wenn ihre Entfernung untereinander eine Wellenlänge oder ein Vielfaches davon beträgt. Abbildung 5.2 sieht komplizierter aus als sie ist. Zwei Sender, Z_1 und Z_2, senden in alle Himmelsrichtungen Signale mit derselben Wellenlänge λ; gezeichnet wurden hier nur jeweils zwei Wellen, ein Wellenpaar zum Punkt P_1 und das andere Wellenpaar zum Punkt P_2. Die beiden Punkte P_1 und P_2 stellen Empfänger, also Schiffe, dar. Der Einfachheit halber wird angenommen, daß beide Empfänger gerade die Wellentäler, also Extremwerte, empfangen. Soweit ist die Situation für beide die gleiche; der Unterschied liegt in den verschiedenen Entfernungen der Empfänger zu

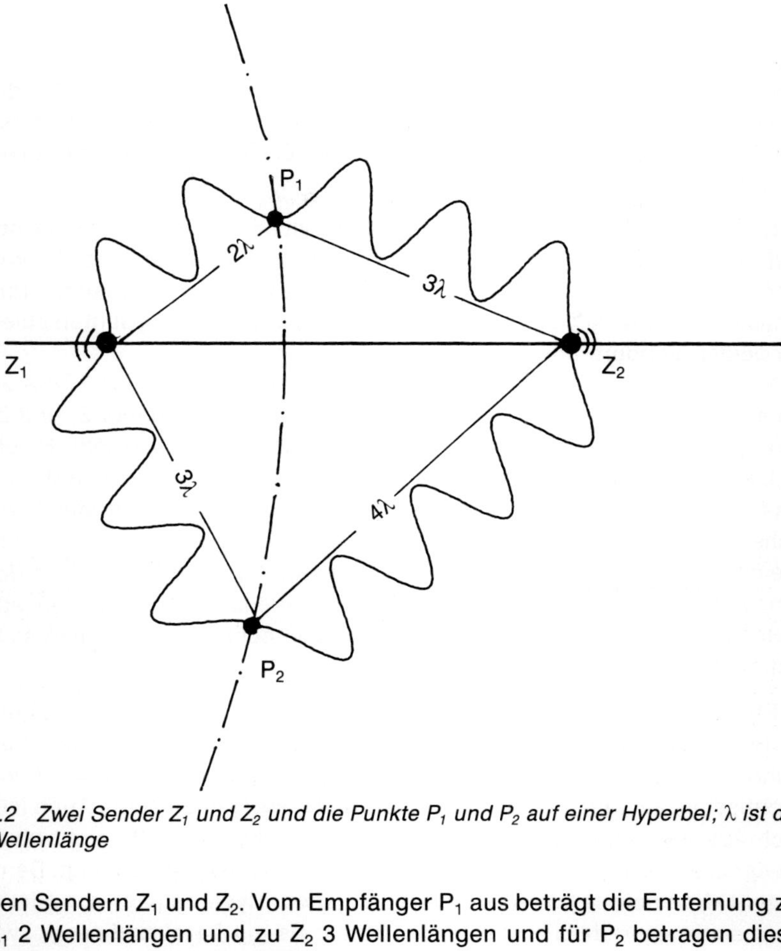

5.2 Zwei Sender Z_1 und Z_2 und die Punkte P_1 und P_2 auf einer Hyperbel; λ ist die Wellenlänge

den Sendern Z_1 und Z_2. Vom Empfänger P_1 aus beträgt die Entfernung zu Z_1 2 Wellenlängen und zu Z_2 3 Wellenlängen und für P_2 betragen diese Größen 3 bzw. 4 Wellenlängen.

Aber obwohl beide Empfänger zu beiden Sendern unterschiedliche Entfernungen aufweisen, haben sie eins gemeinsam: Der *Entfernungsunterschied* ist der gleiche. Er beträgt bei P_1 $3 - 2 = 1$ Wellenlänge und bei P_2 $4 - 3 =$ ebenfalls 1 Wellenlänge. Auf der Zeichnung sind nur die zwei Punkte P_1 und P_2 dargestellt, die dieses Kriterium aufweisen, aber theoretisch gibt es eine unendlich große Anzahl von Punkten, die alle die gleichen Bedingungen wie P_1 und P_2 erfüllen. Verbindet man diese Punkte miteinander, erhält man eine aus der Geometrie bekannte Kurve, eine *Hyperbel.*

Die unterbrochene Linie in Abbildung 5.2 ist ein kleiner Teil solch einer Hyperbel. Hierauf befinden sich also Empfänger, die **a.)** gleichzeitig von den Sendern Z_1 und Z_2 gesendete Signale *phasengleich* empfangen (die Phasendifferenz ist null), und **b.)** den gleichen Entfernungsunterschied zu beiden Sendern haben.

Wie ermittelt man jetzt mit solchen Linien seinen Schiffsort? Dies zu verstehen hilft Abbildung 5.3, in der wieder die beiden Sender Z_1 und Z_2 eingezeichnet sind. Außerdem enthält sie eine Reihe Hyperbeln (H_1 bis H_2), auf denen die von Z_1 und Z_2 gesendeten elektromagnetischen Wellen phasengleich sind. Angenommen, eine Yacht mit Empfänger steht zwischen den beiden Hyperbeln H_3 und H_4. Das hat zur Folge, daß die gleichzeitig von beiden Sendern empfangenen Signale eine Phasendifferenz aufweisen. Aus der Größe der Phasendifferenz läßt sich ableiten, auf welcher Hyperbel *zwischen* den beiden Hyperbeln H_3 und H_4 man sich befindet (Abb. 5.4).

Phasenunterschiede werden in Grad von 0 bis 360° angegeben. Eine Differenz von 360° ist dem Wert 0° gleichzusetzen. Das heißt aber, man kann allein aus der Kenntnis, daß die Phasendifferenz 0° beträgt, noch nicht schließen, *auf* welcher Hyperbel von H_1 bis H_9 man steht. Auch läßt sich aus dem Wert einer Phasendifferenz „größer als null" nicht ohne weiteres ablesen, *zwischen* welchen Hyperbeln der Schiffsort liegt. Denn jeder Differenzwert kommt ja zwischen jedem Hyperbelpaar vor. Hierin liegt auch eines der Probleme von DECCA: Es gilt herauszufinden, zwischen welchen Haupthyperbeln (bei denen die Phasendifferenz null ist) die Position liegt.

Die Zone zwischen zwei nebeneinanderliegenden Haupthyperbeln (oder Null-Hyperbeln) – in Abbildung 5.3 etwa zwischen H_3 und H_4 – wird eine *lane* (Streifen) genannt und die kürzeste Verbindung zwischen den beiden Sendern heißt *baseline* (Basislinie). An dieser Stelle sind die

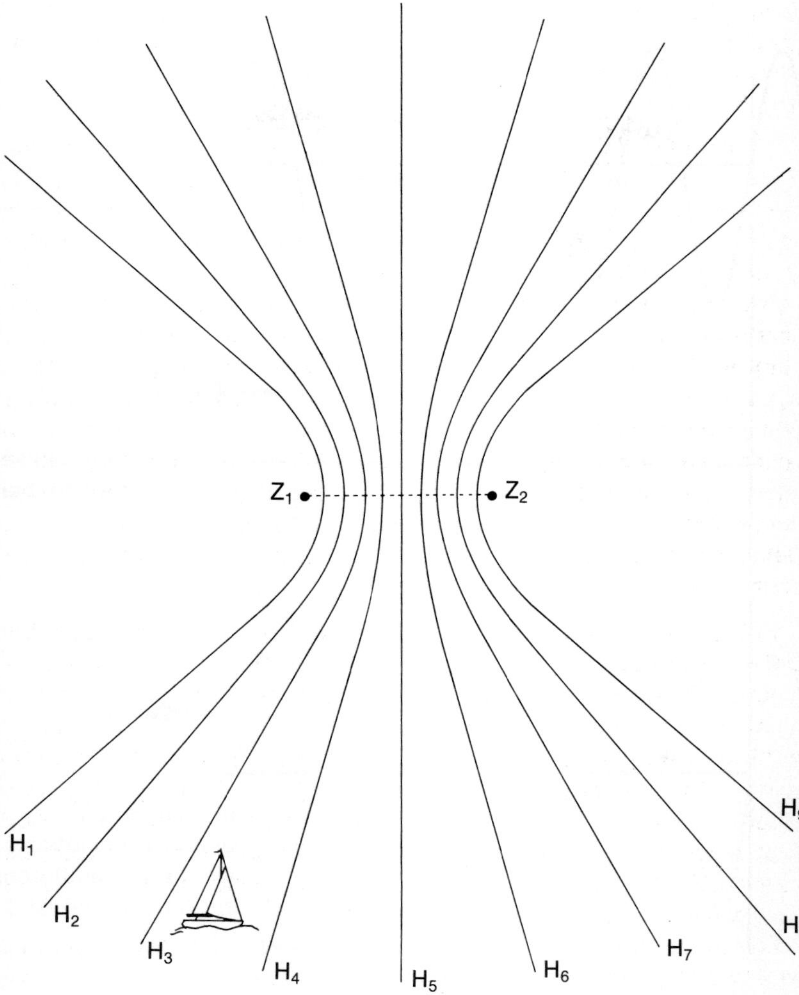

5.3 Zwei Sender (Z_1 und Z_2) und neun Hyperbeln (H_1 bis H_9). Der Standort der Yacht liegt zwischen den Hyperbeln H_3 und H_4

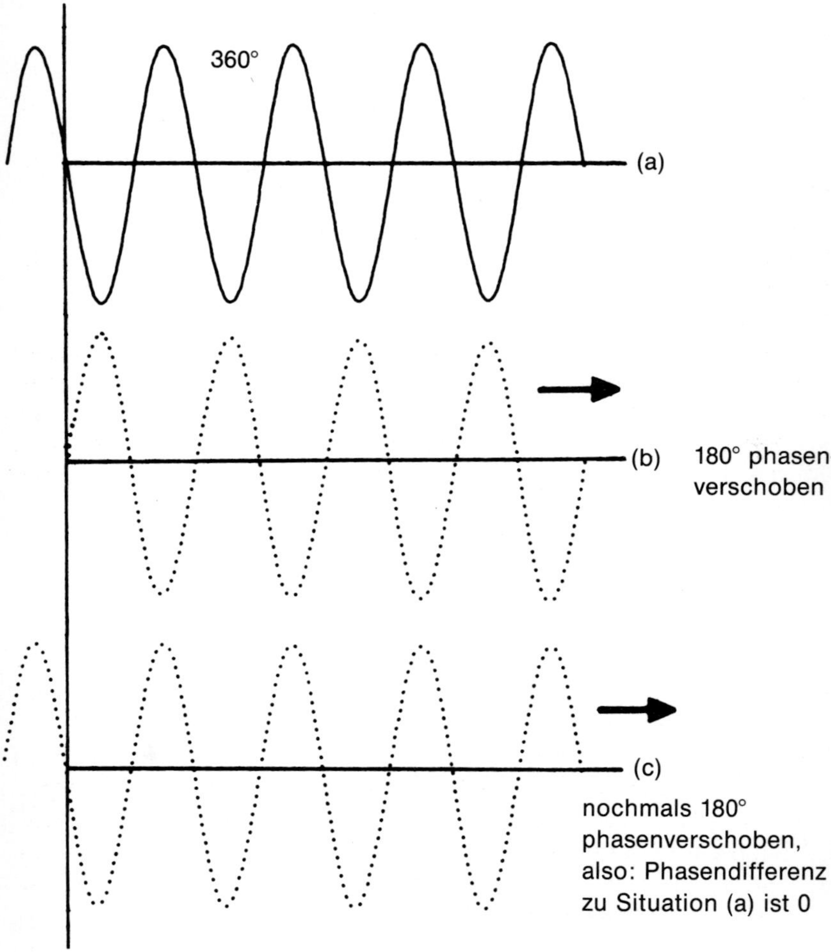

5.4 Phasendifferenzen

Streifen am schmalsten, so daß eine Standlinienbestimmung in diesem Bereich am genauesten sein wird.

Abbildung 5.5 zeigt insgesamt drei Sender, einen Hauptsender M *(Master)* und zwei Nebensender S_1 und S_2 *(Slave)*. Die Anordnung kommt der Wirklichkeit einen Schritt näher, wobei derartige Senderketten *(Chains)* meist aus einem Hauptsender und drei Nebensendern bestehen. Die Messung der Phasendifferenz zwischen M und S_1 ergibt eine Standlinie in einer bestimmten *Lane*, einer sogenannten *Centilane*, zwischen den Sendern. Eine zweite Messung der Phasendifferenz zwischen M und S_2 liefert eine zweite Standlinie in einer *Centilane* zwischen diesen beiden. Der Schnittpunkt dieser beiden Standlinien ist der Schiffsort.

Aus dem bisher Gesagten läßt sich schließen, von welchen möglichen Faktoren die Genauigkeit einer Standortbestimmung mit DECCA abhängt:

a) Von der Entfernung zur Basislinie. In Nähe der Basislinie läßt sich ein viel genaueres Ergebnis in Metern ermitteln als weiter entfernt davon.

b) Von dem Winkel, unter dem sich zwei Standlinien schneiden (Abb. 5.5).

5.3 DECCA in der Praxis

DECCA existiert seit dem Zweiten Weltkrieg. Anfangs stand es nur der Handelsschiffahrt und der Fischerei zur Verfügung, die Sportschiffahrt kann erst seit einigen Jahren davon profitieren. Das Verfahren wurde von der englischen Firma DECCA Navigator Company entwickelt und wird von ihr auch teilweise betrieben und gewartet. Die DECCA-Ketten in England und einige Sender in anderen Ländern gehören der RACAL-DECCA-Gesellschaft, die auch für die Wartung sorgt. Ihre Einkünfte bezieht die Gesellschaft aus der Vermietung der auf Handelsschiffen und Fischerbooten eingesetzten DECCA-Geräte. Die DECCA-Ketten im nicht-britischen Ausland sind zwar im amtlichen Besitz der jeweiligen Länder, jedoch bleibt DECCA über Wartungsverträge weiterhin daran beteiligt.

Zu Beginn konnte man DECCA-Geräte nur mieten. Dies hat sich jedoch vor einigen Jahren geändert, als gleich mehrere Elektronikfirmen preis-

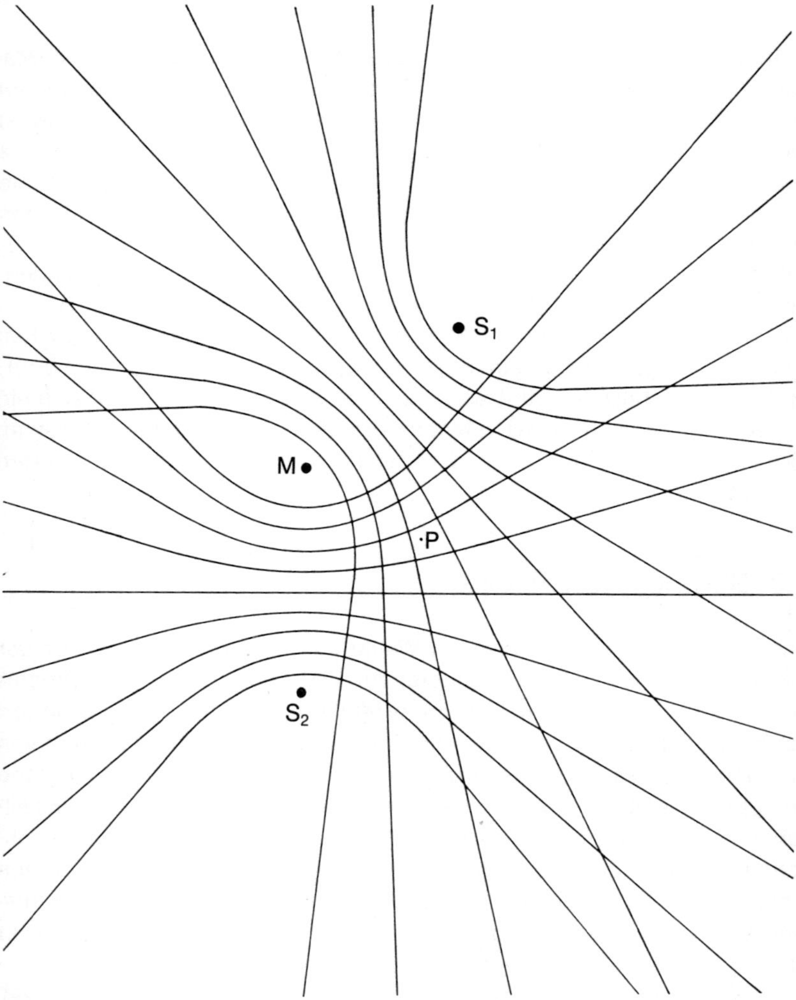

5.5 Mit den Senderpaarungen M/S_1 und M/S_2 erhält man einen Standort.

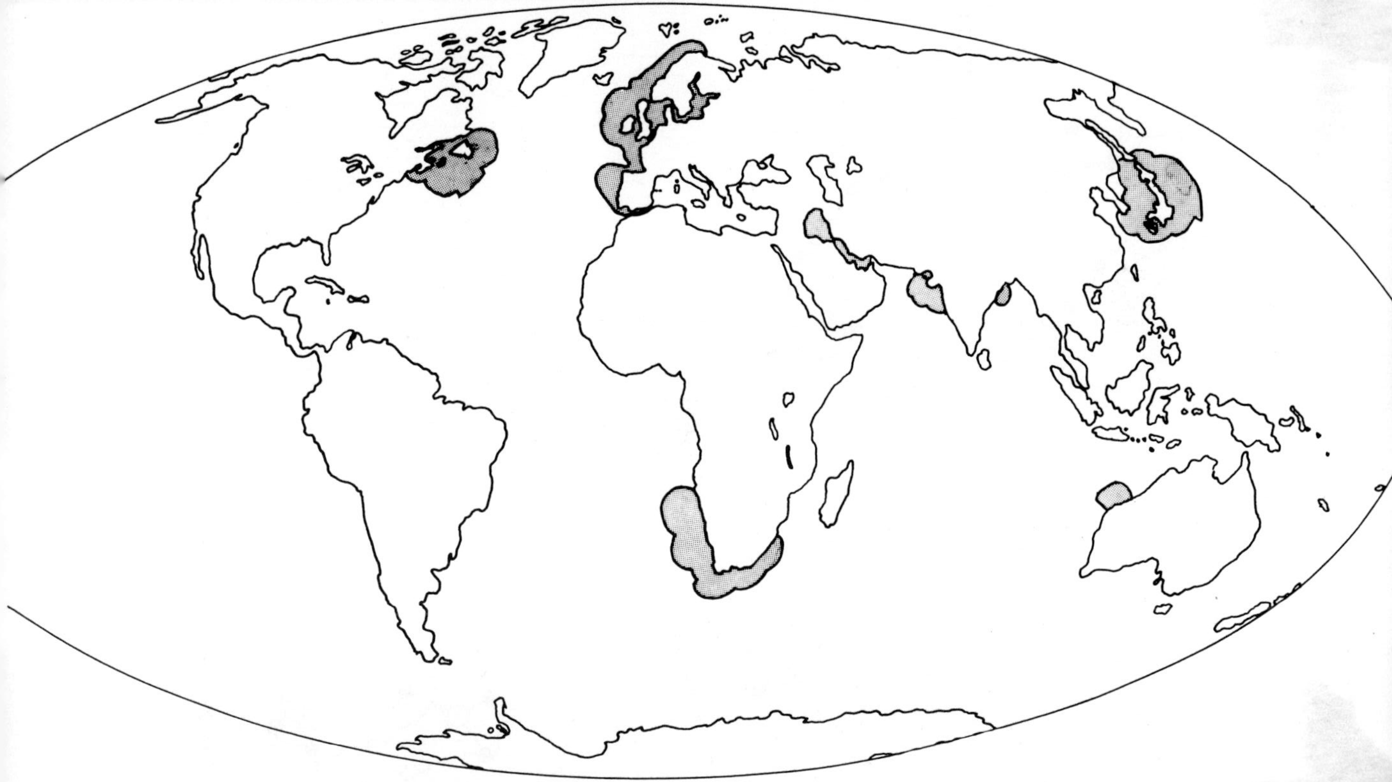

5.6 DECCA-Ketten in der ganzen Welt

5.7 DECCA-Ketten in Europa

werte Geräte auf den Markt brachten, mit denen einfach, aber illegal vom bestehenden DECCA-System Gebrauch gemacht werden konnte. Ohne die umständlichere Methode mit DECCA-Seekarten, auf denen Hyperbeln eingezeichnet waren und wo der Schiffsort noch zeichnerisch ermittelt werden mußte, läßt sich bei den Konkurrenzgeräten die Position in Längen- und Breitengraden auf einem Display einfach ablesen. Was kann der Yachtskipper sich noch mehr wünschen? DECCA hatte keine Möglichkeit, gegen diese unerwünschten Konkurrenten vorzugehen, die, ohne Lizenzgebühren zu bezahlen, vom DECCA-Verfahren Gebrauch und obendrein noch gute Geschäfte machten. Inzwischen sind diese Streitigkeiten jedenfalls von AP und NAVSTAR bereinigt, und DECCA bringt selbst ein Ortungsgerät für Yachten heraus.

Das DECCA-System ist nicht weltumspannend, sondern nur in Nord- und Westeuropa und einigen anderen Gebieten der Welt installiert. Diese sind im einzelnen:

- West- und Nordeuropa (ohne Mittelmeer)
- südafrikanische Gewässer
- Persischer Golf
- Japan
- Nordwestaustralien
- Neufundland (Kette wird aufgehoben).

Eine Übersicht der europäischen DECCA-Ketten gibt Abbildung 5.7. Erstens erkennt man darauf, daß die meisten Ketten aus einem Hauptsender und drei Nebensendern bestehen, und zweitens, daß vor allem die Ost- und die Nordsee und die nordeuropäische Atlantikküste abgedeckt sind.

Wie erwähnt, gibt es nur dann eine genaue Standortbestimmung, wenn man weiß, in welcher *Lane* man sich befindet. Das bedeutet, für eine zuverlässige und genaue Navigation muß möglichst noch im Ausgangshafen die exakte Position ins Gerät eingegeben werden. Während der Fahrt wird angezeigt, wann eine *Lane* verlassen wird und wo die genaue Position zu suchen ist.

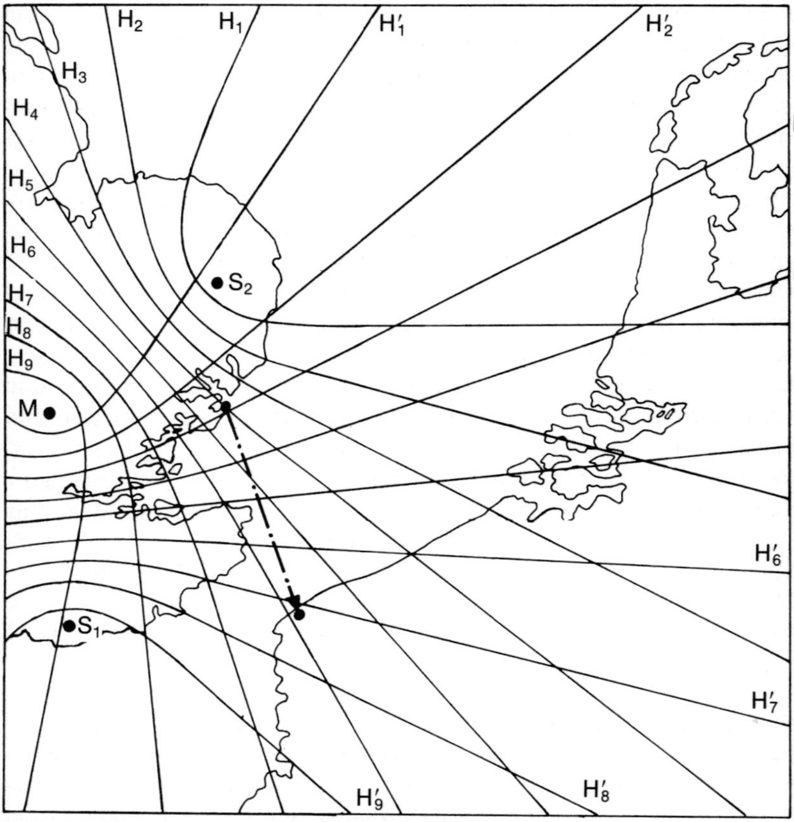

5.8 Drei DECCA-Sender und der Kurs einer Yacht

Abbildung 5.8 zeigt den östlichen Ärmelkanal und die südliche Nordsee mit der englischen Senderkette: einen Hauptsender und zwei Nebensender. Obendrein sind einige Streifen zwischen Haupt- und Nebensendern dargestellt. Diese Kette hat landeinwärts noch einen dritten Nebensender.

Angenommen, es ist eine Überfahrt von Harwich nach Calais geplant.

Der Einfachheit halber werden alle Kursänderungen, die in Wirklichkeit wegen der zahlreichen Verkehrstrennungsgebiete und Fahrwassermarkierungen nötig sind, außer acht gelassen. Der erste Standort liegt zwischen den Hyperbeln H'_2 und H'_3 des Hauptsenders M und Nebensenders S_1 und zwischen den Hyperbeln H_3 und H_4 des Hauptsenders M und des Nebensenders S_2. Folgt die Yacht jetzt dem vorgegebenen Kurs, wird sie zuerst in südöstliche Richtung auf die Hyperbel H_4 zusteuern; überquert die Yacht diese Hyperbel, ist die Phasendifferenz zwischen dem Hauptsender M und dem Nebensender S_1 wieder null. Kurz danach überquert die Yacht die Hyperbel H_5, auf der die Phasendifferenz zwischen dem Hauptsender M und dem zweiten Nebensender S_2 wiederum null ist. Nun kann aus der Phasendifferenz der Funkwellen in der *Lane* zwischen den Hyperbeln H_3 und H_4 die Hyperbel ermittelt werden, auf der die Yacht steht. Das gleiche gilt für die Hyperbeln H_4 und H_5. Durch ununterbrochene Messung und Verarbeitung der Phasendifferenzen zwischen den Funkwellen des Hauptsenders M und der Nebensender S_1 und S_2 können laufend die Standlinien innerhalb der *Lanes* festgelegt werden. Ein Schnittpunkt der Standlinien ergibt den Schiffsort.

Nur wenn das Gerät bein Einschalten mit der genauen Position „gefüttert“ wird, kann es laufende Positionsangaben machen. Auf Yachten ist in der Praxis jedoch eine größere Ungenauigkeit zulässig, die in der Größenordnung von 2 bis 5 Seemeilen (bisweilen sogar noch höher) liegt (sog. Fangbereich).

Die meisten DECCA-Empfänger suchen automatisch die Frequenz der Kette auf, deren Signale auf der jeweiligen Position am besten empfangen werden. Liegt der Schiffsort jedoch auf der Grenze zwischen zwei DECCA-Ketten (die Lage der Ketten steht in den DECCA-Anweisungen), kann es vorkommen, daß Positionsangaben „springen“. In einem solchen Fall sollte man die Automatik des Empfängers ausschalten und ihn auf eine Kette fest einstellen.

In modernen Seekarten sind die DECCA-Ketten, die das jeweilige Seegebiet abdecken, verzeichnet. Beispielsweise steht auf der Seekarte 1349 rechts unten: DECCA Chain 2E/MP AB AD (D2). Diese Abkürzungen bedeuten der Reihe nach:

2E = Nummer der Holland Chain
MP = Multi-Puls
AB = Master + red slave (Haupt- + roter Nebensender)
AC = Master + green slave (Haupt- + grüner Nebensender)
AD = Master + violet slave (Haupt- + violetter Nebensender)
(D2) = Abkürzung des hydrographischen Dienstes: D für DECCA und 2 für Kette Nr. 2.

Die DECCA-Stationen senden periodisch (alle 20 Sekunden) Signale mit größeren Wellenlängen. Diese sogenannten „Multi-Puls-Signale" liefern ein großmaschigeres Hyperbelnetz und dienen der *Lane*-Erkennung. Damit erhält man einen zwar nicht sehr genauen, aber doch noch brauchbaren Schiffsort, und das Gerät kann in dieser *Lane* weiterarbeiten. Der größte Teil der mit dem DECCA-Verfahren arbeitenden Yacht-Navigationsgeräte bedient sich dieser Multi-Puls-Signale. Dieses Thema wird weiter unten noch einmal behandelt.

Bereits erwähnt wurde, daß zahlreiche Navigationsgeräte nicht nur mit einem einzigen Verfahren arbeiten und darauf einen Schiffsort ermitteln. Oft sind diese Geräte komplette Navigationsrechner, die zusätzlich

5.9 AP-Navigator; Position der kleinen Meerjungfrau in Kopenhagen

Kurse, Entfernungen, Fahrzeiten und Treibstoffverbrauch angeben, ein Alarmsignal auslösen, wenn man sich beispielsweise den Koordinaten eines vorher eingestellten Ortes nähert oder wenn man um einen bestimmten Wert vom Kurs abweicht (*cross track error*). Eine besondere Navigationserleichterung stellt die sogenannte Wegpunktfunktion dar.

Unter den Wegpunkten (WP) versteht man u. a. die aufeinanderfolgenden Zwischenziele eines Törns. Diese Punkte werden mit ihren Kartenkoordinaten in das Gerät eingegeben, worauf die jeweiligen Kurse und Entfernungen der Reihe nach auf dem Display erscheinen. Einige Geräte geben ein Signal ab, wenn der WP erreicht wird. Auf See ist solch ein Punkt natürlich nicht sichtbar, es sei denn, er läge zufällig oder bewußt so gewählt am Ort eines Seezeichens. Daher bedient man sich z. B. der Winkelhalbierenden zwischen zwei aufeinanderfolgenden Kurslinien (Abbildung 5.10). Die drei Punkte P_1, P_2 und P_0 bilden einen stumpfen Winkel, P_0 ist der Anfangs- und P_2 der Endpunkt. Das Schaubild auf Seite 50 zeigt die Eingabewerte und die zugehörigen Display-Anzeigen bei einem AP-Navigator.

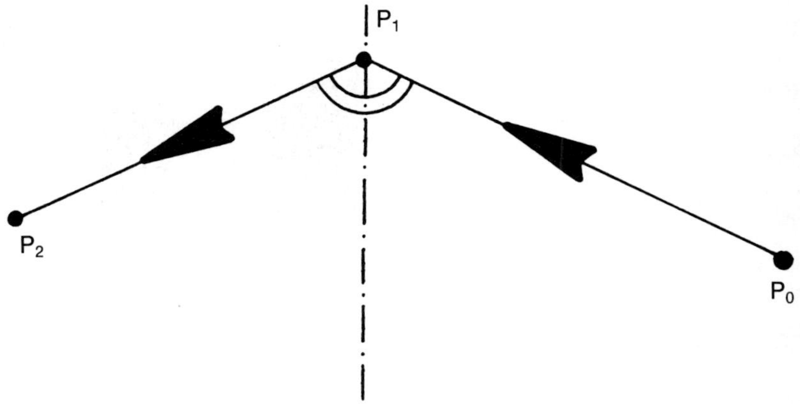

5.10 Zwei Wegpunkte P_1 und P_2 sowie die Halbierende des Winkels P_0-P_1-P_2; auf Seite 50 stehen die zugehörigen Eingabewerte dieses Kurses.

Durch Drücken der entsprechenden Funktionstasten werden die Koordinaten der beiden Wegpunkte P_1 und P_2 eingegeben. Mit einem weiteren Tastendruck erhält man den rechtweisenden Kurs und die Entfernung von P_0 nach P_1. Man beachte: Der auf dem Display angezeigte Kurs ist erst der rechtweisende Kurs. Den Kompaßkurs, der gesteuert werden muß, erhält man nach Beschickung mit den Variablen Strom, Abtrift, Geschwindigkeit, Deviation und Mißweisung. Bei den Geräten, die den Kompaßkurs nicht automatisch auf Knopfdruck liefern, muß dieser vom Navigator selbst ausgerechnet werden. Aber trotz weitgehender Automatisierung bleiben Strom- und Windabtrift immer noch veränderliche Größen, die von Fall zu Fall neu bestimmt werden müssen.

Reihenfolge der Eingaben	DISPLAY-Anzeige nach Eingabe
L3	SAILPLAN AUTO ON
ROLL	INPUT POINT 1
ROLL 52:29	PO1 LAT 52:29
ROLL 03:20	PO1 LON 03:20
ROLL	APPENDED SAILPLAN
52:15	PO2 LAT 52:15
ROLL 02:30	PO2 LON 02:30
ENT	APPENDED SAILPLAN
	SAILPLAN 00-01-02

Nach einer gewissen Fahrtzeit wird der Punkt P_1 fast erreicht sein, die Display-Anzeige wird dann folgendermaßen aussehen:

P_1 ⌐ 0.40	310 3.2

Diese Angaben bedeuten (jedenfalls beim AP-Navigator von Philips), daß der rechtweisende Kurs zum Punkt P_1 310° ist und die Entfernung 3.2 sm beträgt. Die Abweichung von der rechtweisenden Kurslinie beträgt 0,4 sm nach Backbord, sie muß durch eine entsprechende Kursänderung korrigiert werden (Abbildung 5.11).

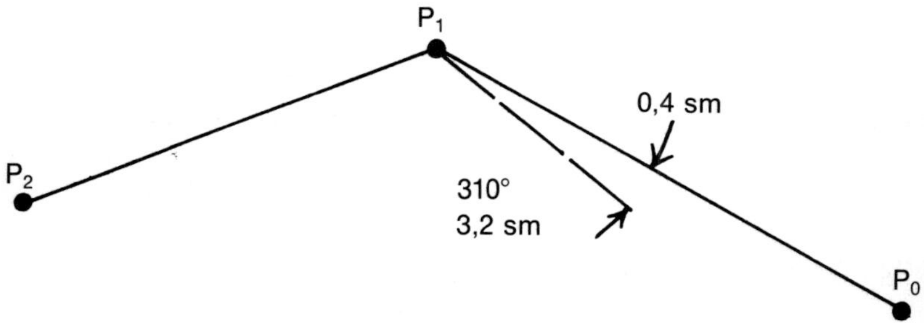

5.11 Rechtweisender Kurs und Kursabweichung

Im übrigen sollte man sich nicht so sehr auf die Wegpunkte versteifen. Genau wie beim klassischen Navigieren mit Koppelbesteck und Gissung ist es nicht ratsam, fortlaufend Kursänderungen vorzunehmen, nur damit ein angesteuerter Punkt genau erreicht wird. Schon die alten Handbücher für die Küstennavigation warnen vor häufigen Korrekturen bei Strom- und Windabtrift, da sie im Endeffekt mehr Zeit kosten.

Unter besonderen Umständen kann die Standortbestimmung ungenau sein, zum Beispiel, wenn neben dem Hauptsender M nur zwei Nebensender zur Verfügung stehen. In solch einem Fall ist es möglich, daß das Gerät zu früh das Erreichen eines Wegpunktes signalisiert. Bei einigen

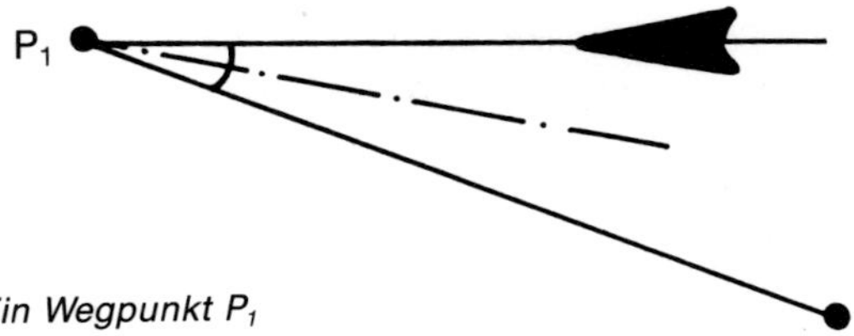

5.12a Ein Wegpunkt P_1

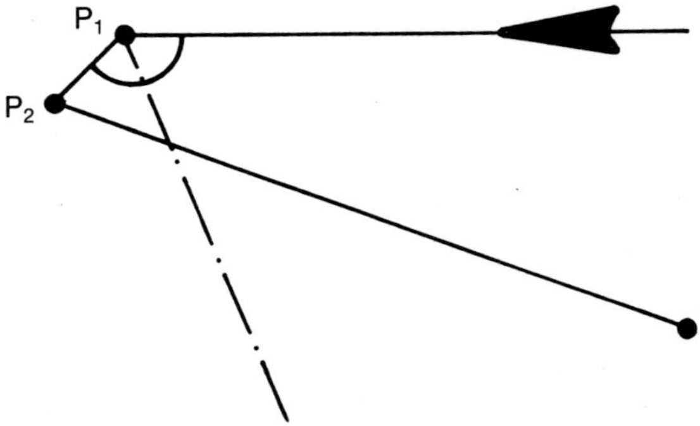

5.12b Ein Punkt P_2 wird dem Punkt P_1 hinzugefügt.

Systemen werden dann bereits die Daten des letzten Punktes aus dem Speicher gelöscht, wodurch eine unglückliche Situation entstehen kann. Abbildung 5.12 veranschaulicht dieses Problem.

Infolge eines kleinen Fehlers wird die Winkelhalbierende vom System als ‚geschnitten' angesehen. Damit wird der Punkt P_1 aus dem Speicher gelöscht und es wird ein neuer (unbeabsichtigter) Kurs angegeben. Man kann dieses Problem recht einfach vermeiden, wenn man kurz hinter Punkt P_1 einen nächsten Punkt P_2 eingibt. Die dadurch entstehende Winkelhalbierende wird erst geschnitten, wenn Punkt P_1 wirklich erreicht ist (Abbildung 5.12b).

Genauigkeit

Der Navigator, der trotz eingeschaltetem DECCA-Gerät sein Koppelbesteck nicht gewissenhaft führt, handelt leichtsinnig und verantwortungslos. Wie oft kommt es vor, daß Yachtskipper eine elektronische Position ablesen und in Wirklichkeit meilenweit von diesem Standort entfernt sind! Ganz grobe Fehler fallen natürlich sofort auf, verhängnisvoll sind vor allem die kleinen Abweichungen. Sie können den Navigator, der zu bequem für diese Art „doppelter Buchführung" ist, in Schwierigkeiten bringen. Überdies kann zu allem Übel ganz einfach der Strom ausfallen.

Fehlerquellen bei DECCA

Bodenwellen und Raumwellen:

Weiter vorne wurde der Unterschied zwischen den Raum- und den Bodenwellen beschrieben. Auch beim DECCA-Verfahren können diese beiden Wellenarten zu fehlerhaften Positionsbestimmungen führen. Wenn etwa die Raumwelle eine entlang der Erdoberfläche zum Empfänger gelangte Bodenwelle überlagert, kann die Ortsbestimmung erheblich gestört werden. Auch wenn die Ortsbestimmung nur mit Hilfe einer Raumwelle erfolgt, sind Fehler unvermeidlich. Die Raumwelle ist wegen ihrer unterschiedlichen Reflektion an der Ionosphäre und des deshalb längeren zurückgelegten Weges gegenüber der Bodenwelle, für deren Daten der Rechner gefüttert ist, phasenverschoben. Das Ergebnis kann ein gravierender Fehler bei der Ortsbestimmung sein. Die genannten Fehlerursachen treten vor allem während der Dämmerung und in der Nacht auf.

Position des Empfängers in bezug auf die Sender:

Eine andere Ursache für Ungenauigkeiten kann die ungünstige Lage des Schiffsortes zu den Sendern* sein; einige DECCA-Empfängertypen warnen vor dieser Fehlerquelle.

Unterschiede in der Ausbreitungsgeschwindigkeit elektromagnetischer Wellen über Land und über See:

Einige Quellen nennen einen höchstmöglichen Fehler von 450 Metern aufgrund dieses Effekts. Allerdings ist die dadurch verursachte Abweichung weitgehend ortsabhängig. Im Lauf der Zeit wurden zahlreiche

* In Gebieten, wo sich die DECCA-Linien unter einem kleineren Winkel als 30° schneiden, ist diese Ortsbestimmungsmethode nicht mehr brauchbar.

dieser feststehenden Abweichungen registriert und in den DECCA-Datenblättern veröffentlicht.

Entfernung zu einer DECCA-Station:

Bei einer Entfernung von weniger als 1 km vom Sender ist dieses Verfahren ebenfalls nicht brauchbar.

Erdung der Antenne:

Der Empfänger muß wirkungsvoll geerdet werden. Das bedeutet an Bord natürlich eine Verbindung mit dem Seewasser. Nur damit wird gewährleistet, daß der Empfänger ein ungestörtes Signal erhält.

Anbringen der Antenne:

DECCA-Antennen dürfen nicht durch Masten oder Stage abgeschirmt werden. Mögliche Salzablagerungen müssen entfernt werden.

Nicht immer läßt sich auf offener See feststellen, ob die Abweichung eines DECCA-Standortes von der wirklichen Position die Folge veränderlicher oder unveränderlicher Fehlerquellen ist. Im Hafen ist die Sache wesentlich einfacher; werden verschieden große Abweichungen festgestellt, ist die Ursache höchstwahrscheinlich ein veränderlicher Fehler. Läßt sich dies jedoch ausschließen, muß für dieses Seegebiet ein unveränderlicher Fehler berücksichtigt werden. Man sollte sich darüber im klaren sein, daß ein Fehler von 2 sm in einem Verkehrstrennungssystem ernste Folgen haben kann.

Die oben genannten Fehler lassen sich in zwei Gruppen einteilen:

a) Unveränderliche Fehler *(fixed errors):* Sie entstehen unter anderem durch die Geschwindigkeitsunterschiede elektromagnetischer Wellen über Land und über Wasser, und sie werden in Gebieten aufgezeichnet, in denen eine große Genauigkeit erforderlich ist. Die Größenwerte dieser unveränderlichen Fehler sind in den DECCA-Datenblättern angegeben und werden in Centilanes (1/100 einer Lane) ausgedrückt. Das Problem hierbei ist jedoch, daß die veröffentlichten Daten nur für die Verarbeitung in DECCA-Empfängern mit Lane-Identifizierung geeignet sind und nicht in den vielen Yachtempfängern, die auf der Grundlage der bereits genannten Multi-Puls-Signale arbeiten.
b) Veränderliche Fehler *(variable errors):* Hierbei handelt es sich vor allem um Fehler, die ihre Ursache in vorhersehbaren atmosphäri-

schen Erscheinungen haben. Daher können diese Fehler nur mit Hilfe statistischer Methoden ermittelt werden.

Abbildung 5.12c zeigt ein Diagramm aus den *Marine Data Sheets* von DECCA mit den Linien gleicher Genauigkeit der Holland-Chain Nr. 2. Und

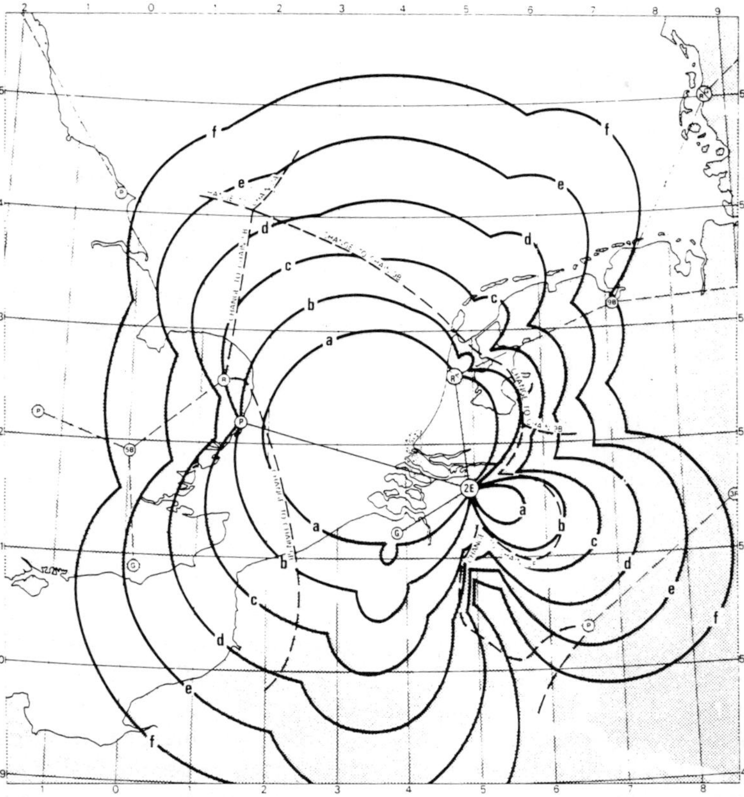

Abb. 5.12c Bereich der Genauigkeit (68%) der Holland-Kette (2E), übernommen mit Genehmigung von RACAL-DECCA; ohne Genehmigung ist die Wiedergabe nicht gestattet. RDMNL übernimmt für jeglichen Gebrauch dieser Karte, ganz oder teilweise, keine Verantwortung.

RANDOM FIXING ERRORS AT SEA LEVEL IN NAUTICAL MILES
68% PROBABILITY LEVEL

DECCA PERIOD			CONTOUR			
See Time and Season Factor Diagram below	a	b	c	d	e	f
HALF LIGHT	‹0·10	‹0·10	‹0·10	0·13	0·25	0·50
DAWN/DUSK	‹0·10	‹0·10	0·13	0·25	0·50	1·00
SUMMER NIGHT	‹0·10	0·13	0·25	0·50	1·00	2·00
WINTER NIGHT	0·10	0·18	0·37	0·75	1·50	3·00

TIME AND SEASON FACTOR DIAGRAM

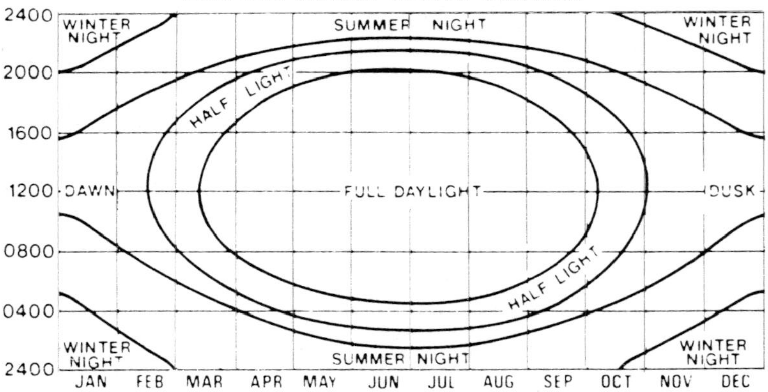

zwar umgrenzen die Linien den Raum, in dem die Genauigkeit der Ortsbestimmung mit 68% festgestellt worden ist. Dies bezieht sich hier auf den Zeitraum, in dem kein volles Tageslicht herrscht.

Ein Beispiel aus der Praxis:

Es ist Mitte September, 02.00 h Ortszeit; eine Yacht liegt auf der Nordsee, westnordwestlich von Den Helder, irgendwo in dem Raum, der auf der DECCA-Karte mit ‚b' markiert ist. In der Tabelle *Time and Season Factor Diagram* findet man für diesen Zeitpunkt den Terminus *summer night.* Damit läßt sich aus der Tabelle *Random Fixing Errors* ablesen, daß für die Kombination *summer night* und *contour b* in nicht mehr als 1 von 3 Fällen (100 – 68%) ein Fehler >0,13 sm in der Ortsbestimmung auftritt. Im übrigen ist eine Fehlerwahrscheinlichkeit von 1 bis 3 ein nicht zu vernachlässigender Erwartungswert.

Überdies vermerkt das DECCA-Handbuch, daß der veränderliche Fehler bei Verwendung von Multi-Puls-Signalen in der Nacht wesentlich geringer sein kann, als in den Diagrammen angegeben.

Aus der DECCA-Karte läßt sich ebenfalls ablesen, daß es ratsam ist, beim Überschreiten der gestrichelt gezeichneten Linie auf eine andere Kette umzuschalten. Diese Trennlinie kann tagsüber und nachts unterschiedlich verlaufen. Man beachte, daß die Trennlinie zwischen der Holland Chain (2E) und der Frisian Chain (9B) durchs IJsselmeer läuft.

In diesem Kapitel wurde erläutert, daß die Standortbestimmung mit Hilfe des DECCA-Verfahrens auf der Messung von Phasendifferenzen beruht und damit Standlinien innerhalb der Hyperbelstreifen, der *Lanes,* festgelegt werden. Der Haken an der Sache ist nur, daß man feststellen muß, in welchem Streifen man sich befindet. Wie bereits erwähnt, unterbrechen die Sendestationen dazu periodisch ihre normalen Signale, während eine der Stationen auf vier Frequenzen zugleich sendet, und zwar sogenannte *Multi-Puls-Signale.* Nach der nächsten Unterbrechung, alle 20 Sekunden, ist ein anderer Sender an der Reihe.

Die vier Frequenzen ergeben durch Überlagerung zusammen eine Schwingung mit niedriger Frequenz. Dank dieses Kunstgriffs läßt sich feststellen, in welcher *Lane* man steht, da jetzt sozusagen ein grobmaschigeres Hyperbelnetz über die Seekarte gelegt wird, wodurch die *Lanes* beträchtlich verbreitert werden. Diese besonderen Signale tragen den Namen *Lane Identification Signals (L.I.),* sie sind also Streifenerkennungsmerkmale. Da diese Niederfrequenzsignale aus der Überlagerung von vier Hochfrequenzsignalen entstehen, sind sie weniger störanfällig bei Raum- und Bodenwelleninterferenzen. Die meisten Ortsbestimmungssysteme, unter anderem das AP-System, verwenden die ursprünglich nur zur Streifenerkennung gedachten Signale erfolgreich zur Standlinienbestimmung. In DECCA-Systemen wird, insbesondere bei der Berufsschiffahrt, noch das „normale“ Verfahren angewendet. Dafür gibt es drei Gründe:

a) Fortlaufende Ortsbestimmung
b) Die Multi-Puls-Signale sind zeitlich kürzer. Dadurch kann unter schwierigen Umständen die Genauigkeit nachteilig beeinflußt werden.
c) Die oben erwähnten Veröffentlichungen über veränderliche und unveränderliche Fehler beziehen sich auf den Empfang und die Verarbeitung herkömmlicher Signale.

Das Multi-Puls-Verfahren, das also alle 20 Sekunden eine Standortbestimmung erlaubt, hat sich jedoch in der Sportschiffahrt als genau genug erwiesen.

5.4 LORAN-C

LORAN, die Abkürzung für LOng RAnge Navigation, ist ein vorwiegend in der Berufsschiffahrt verwendetes Navigationsverfahren mit großer Reichweite und hoher Genauigkeit. LORAN-C ist die Weiterentwicklung des kurz nach dem Zweiten Weltkrieg eingerichteten LORAN-A. Anfangs sah es so aus, als sei das LORAN-Verfahren wegen seines Preises und der aufwendigen Geräte für die Sportschiffahrt unerreichbar und somit nur der Berufsschiffahrt vorbehalten. Aber auch hier hat – wie beim DECCA – die Miniaturisierung der Mikroelektronik das Unmögliche möglich, das heißt, dieses System für manchen Yachtskipper erschwinglich gemacht.

Das Verfahren arbeitet ebenso wie DECCA mit Hyperbeln zur Ortsbestimmung – mit dem Unterschied, daß es einen viel größeren Bereich als DECCA hat. Zur Zeit wird ein großer Teil der nördlichen Halbkugel von LORAN-C erfaßt, einschließlich des Mittelmeers. Vor allem weil das DECCA-

Verfahren im Mittelmeer nicht zur Verfügung steht, ist LORAN-C, abgesehen von der Satellitennavigation, dort das ideale Ortsbestimmungsverfahren. Bisher fiel Westeuropa gerade nicht in den direkten Wirkungsbereich der LORAN-Ketten. Das wird sich möglicherweise ändern, denn seit 1985 werden Versuche mit diesem Verfahren auch in den westeuropäischen Gewässern durchgeführt. Damit gewinnt es natürlich auch für den Yachtskipper an Bedeutung, denn er könnte dann auf allen europäischen Revieren mit einem einzigen Navigationsverfahren auskommen. In Abbildung 5.13 sind die einzelnen LORAN-Ketten mit ihren direkten und indirekten Wirkungsbereichen eingezeichnet.

Wie funktioniert LORAN?

Ebenso wie DECCA arbeitet auch LORAN mit einer Kette von mehreren Sendern: einem Hauptsender (*Master*) und einigen Nebensendern (*Slaves*) mit den Bezeichnungen W, X, Y und Z. Die einzelnen Sender strahlen sehr kurze elektromagnetische Impulse von 320 µs Dauer aus. Angenommen, ein Haupt- und ein Nebensender senden gleichzeitig ihre Impulse. Trifft jetzt beim Empfänger an Bord der Hauptsender-Impuls etwas später ein als der Nebensender-Impuls, ist die Entfernung zum Hauptsender größer als zum Nebensender (siehe Abbildung 5.14). Wie beim DECCA-Verfahren liegen auch hier alle Punkte mit dem gleichen Entfernungsunterschied zu den beiden Sendern auf einer Hyperbel. Dieser Unterschied kann auch in Zeiteinheiten ausgedrückt werden. Angenommen, die Zeitdifferenz beträgt 100 µs, ergibt dies bei einer Ausbreitungsgeschwindigkeit der Radiowellen von 300 m/µs (= Lichtgeschwindigkeit) einen Entfernungsunterschied von 100 × 300 m = 30 km. Aus der Laufzeitdifferenz der Impulse erhält man also eine Standlinie. Durch eine entsprechende Messung der Laufzeitdifferenz eines weiteren Senderpaares ergibt sich eine zweite Standlinie und damit die Position.

Dabei gibt es jedoch ein Problem: Der Empfänger kann nicht erkennen, welcher der beiden Impulse von welchem Sender stammt. Die Lösung ist einfach: Der Hauptsender sendet kurze Zeit früher als der Nebensender, dessen Signal also etwas später beim Empfänger ankommt. Das Empfän-

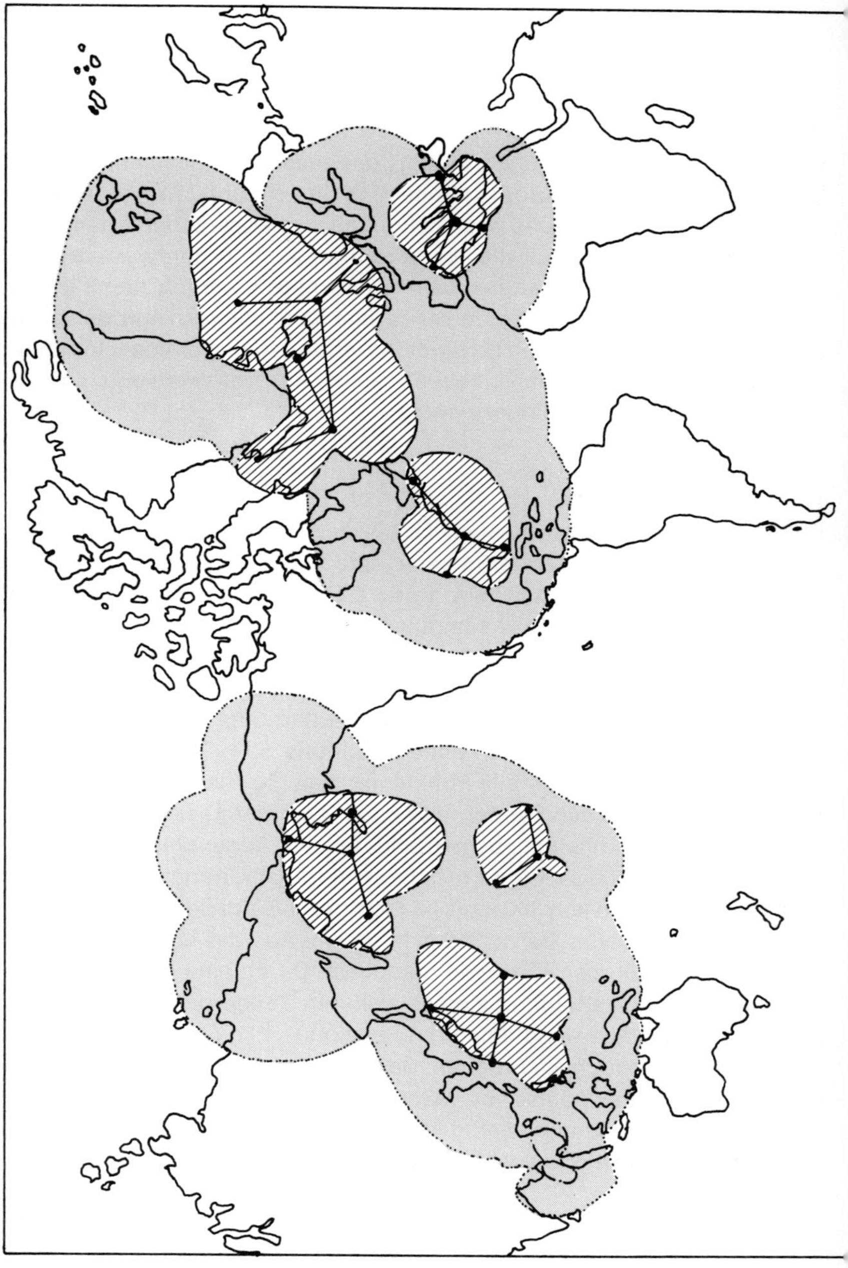

5.13 Einige LORAN-Ketten. Schraffiert: Bodenwellenbereich. Schattiert: Raumwellenbereich

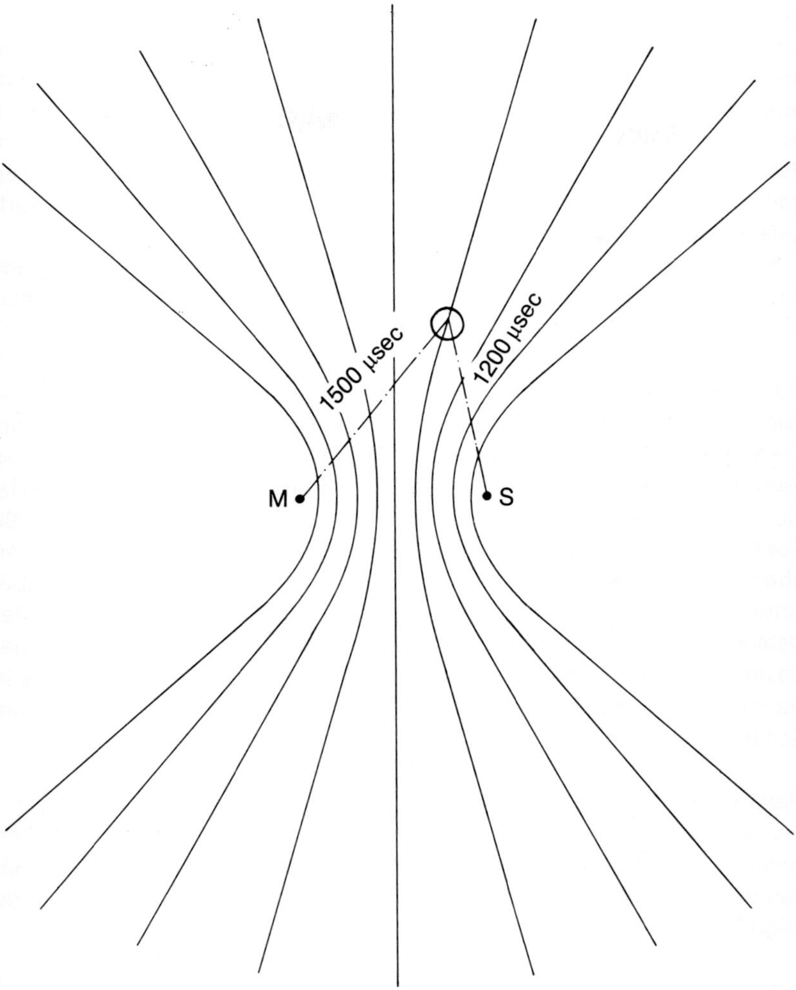

5.14 Zwei LORAN-C-Sender, Hyperbeln und ein Standort

gergerät zieht automatisch eine festgelegte Zeitspanne (in µs) von der Laufzeitdifferenz ab und kann somit doch die richtige Hyperbel bestimmen (wegen der Kugelform der Erde sind die Linien gleicher Laufzeitdifferenzen keine reinen Hyperbeln, man nennt sie darum LORAN-Linien). Im übrigen ist dies eine sehr vereinfachende Darstellung der Wirkungsweise des LORAN-Verfahrens; mit LORAN-C werden nicht nur Laufzeitdifferenzen gemessen, aber der Anschaulichkeit wegen werden weitere Details fortgelassen.

Mußte früher noch mit den erhaltenen Laufzeitdifferenzen in der Seekarte die Standlinie ermittelt werden, liefern moderne Geräte die Position in Längen- und Breitengraden auf einem Bildschirm.

Boden- und Raumwellen

Wie bei anderen elektronischen Navigationsverfahren gibt es auch bei LORAN-C die Erscheinung der Boden- und Raumwellen. Die beim LORAN-Verfahren verwendeten Funkwellen haben eine Frequenz von 100 kHz; als Bodenwellen breiten sie sich in einer Entfernung von 800 bis 1200 Seemeilen rund um den Sender aus. Der Bereich der Raumwellen kann über 2000 Seemeilen betragen. Allerdings ist die Genauigkeit der Ortsbestimmung mit Hilfe der Raumwellen beträchtlich geringer, z. B. in der Ostsee. Auf den sogenannten LORAN-*coverage*-Karten, auf denen der Navigationsbereich von LORAN-C abgebildet ist, werden beide Bereiche in verschiedenen Farben angegeben (siehe auch die unterschiedlichen Schattierungen in Abb. 5.13).

Genauigkeit

Bei der Angabe über die Genauigkeit des LORAN-C-Verfahrens unterscheidet man eine Bodenwellen-Genauigkeit und eine Raumwellen-Genauigkeit. In *Dutton's Navigation & Piloting* (1978) finden sich folgende Angaben:

Bodenwelle

Entfernung zum Hauptsender	*Genauigkeit*
200 sm	15 – 90 m
500 sm	60 – 210 m
1000 sm	150 – 520 m

Raumwelle

Entfernung zum Hauptsender	*Genauigkeit*
1500 sm	10 sm
2000 sm	17 sm

Bei den Genauigkeiten, die für Raumwellen gelten, so wird im *Dutton's* angemerkt, handelt es sich um den ungünstigsten Fall. In der Praxis ist die Genauigkeit meist viel größer.

Störungen und Ungenauigkeiten bei Verwendung von Raumwellen zur Ortsbestimmung können vor allem bei Sonnenauf- und -untergang auftreten.

Ein nicht zu unterschätzender Vorteil ist, daß das LORAN-Gerät nicht dauernd eingeschaltet zu sein braucht.

5.5 OMEGA

Auch OMEGA ist ein Hyperbelnavigationsverfahren, das nach demselben Prinzip wie DECCA arbeitet, das heißt mit Phasendifferenzmessung. Der eigentliche Unterschied liegt im Wirkungsbereich: OMEGA ist weltumspannend, was für DECCA nicht gilt. Das Zustandekommen der Hyperbeln, also der Linien gleicher Phasendifferenz, ist nicht an feste Senderketten mit Haupt- und Nebensendern gebunden, sondern ergibt sich aus den je nach Position am günstigsten gelegenen Sendern. Davon gibt es im ganzen acht Stück, verteilt über den Erdball (siehe Abbildung 5.15).

Einige wichtige Punkte spielen bei der Wahl der jeweiligen Sender eine Rolle:

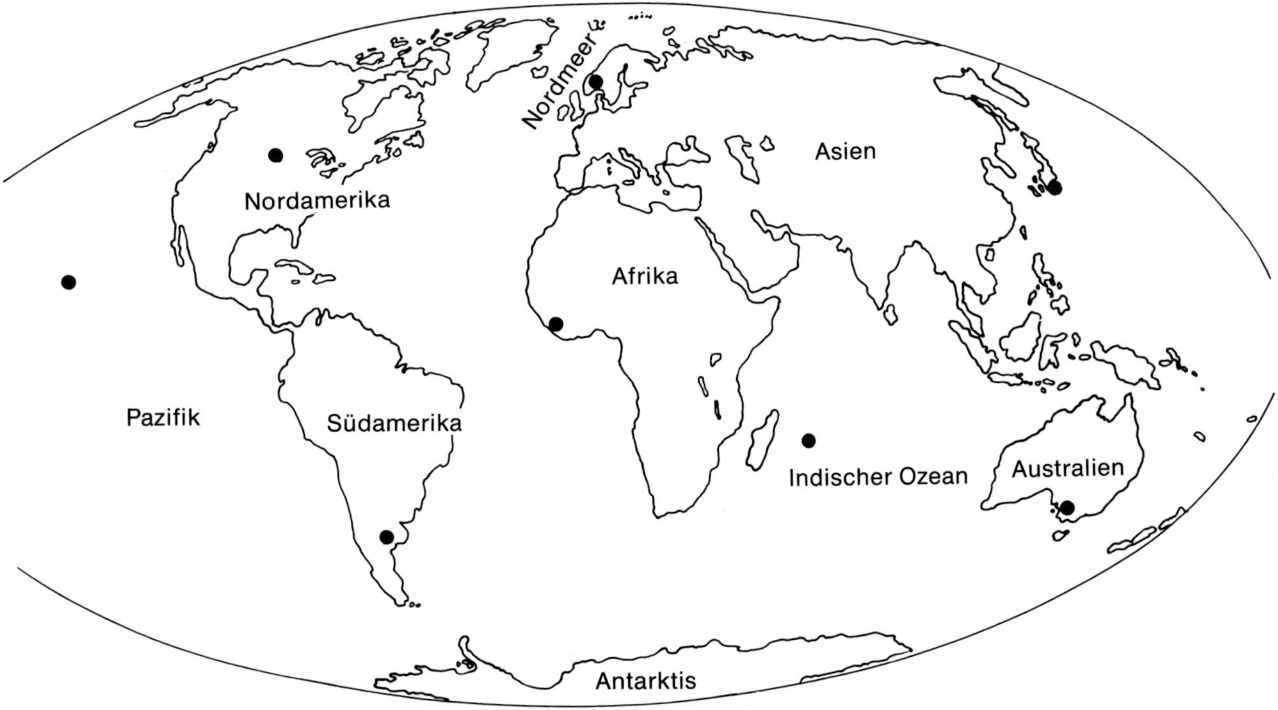

5.15 Standorte der acht arbeitenden OMEGA-Stationen

a) Je näher der Sender liegt, desto genauer wird die Ortsbestimmung sein.
b) Je größer der Winkel ist, unter dem sich die Hyperbeln schneiden, das heißt, je näher er einem rechten Winkel kommt, desto genauer ist die Ortsbestimmung.

Bei einigen Geräten müssen die Kodebuchstaben der Sender selbst eingegeben werden, bei anderen wählt das Gerät automatisch die geeignetsten Sender, nachdem der gegißte Standort eingegeben worden ist. Die notwendige Information hierfür ist den Gebrauchsanweisungen für das betreffende Gerät zu entnehmen. Die Genauigkeit des OMEGA-Verfahrens ist geringer als die von DECCA. Am Tage beträgt die Genauigkeit zu 95% etwa 2 Seemeilen, nachts etwa 4 Seemeilen. OMEGA ist damit das gegebene Navigationsverfahren für lange Ozeanreisen, bei denen es nicht auf eine halbe Seemeile ankommt. Dennoch scheint für den Hochseesegler die Satellitennavigation, wie sie im nächsten Kapitel besprochen wird, doch günstiger zu sein; nicht zuletzt, weil OMEGA ab 1992 nur noch begrenzt zur Verfügung stehen wird.

5.6 Übungsfragen

1. Was ist eine Hyperbel?
2. Was ist eine *Lane?*
3. Wo wird eine Ortsbestimmung genauer sein: in der Nähe der Verbindungslinie zwischen Haupt- und Nebensender oder weit entfernt davon?
4. Wie viele Sender sind mindestens erforderlich, um einen Standort zu erhalten?
5. Berechnen Sie die Breite der *Lane* auf der Verbindungslinie zwischen zwei Sendern, wenn die Sender 99,6 km voneinander entfernt stehen und die Frequenz bei der Phasendifferenzmessung 250 kHz beträgt. Wie viele *Lanes* liegen auf der Verbindungslinie?
6. Was ist ein Wegpunkt?

7. Warum muß beim Einschalten die Position in das DECCA-Navigationsgerät eingegeben werden?
8. Was versteht man unter *Lane-slipping?*
9. Zu welcher Tageszeit können die größeren Fehler bei der Ortsbestimmung mit DECCA erwartet werden: tagsüber oder nachts?
10. Kann man mit DECCA von der Deutschen Bucht nach Island navigieren? Oder nach Nizza?
11. Was sind Multi-Puls-Signale?
12. Welche Funkwellen haben beim LORAN-Verfahren die größere Reichweite: die Raumwellen oder die Bodenwellen?
13. Wird beim LORAN-Verfahren in einer Entfernung von 800 sm vom Sender die Raum- oder die Bodenwelle wirksam?
14. Eignet sich das LORAN-Verfahren für einen Törn um das Kap der Guten Hoffnung?
15. Bei welchem Verfahren ist die Frequenz bei der Phasendifferenzmessung niedriger: bei DECCA oder bei OMEGA?

6 Satellitennavigation: GPS und Transit

6.1 Einleitung

Der Satellitennavigation gehört die Zukunft. Zu Anfang des Satellitenzeitalters gab es Navigationsverfahren mit Hilfe von Satelliten nur im militärischen Bereich. In den sechziger Jahren wurden dann die ersten Schritte unternommen, diese äußerst attraktive Methode auch für zivile Zwecke nutzbar zu machen. Spielt die Frage nach den Kosten beim Militär und auch noch in der Berufsschiffahrt eine untergeordnete Rolle, so hat sie für den Yachtskipper doch Vorrang bei der Überlegung, welches Gerät und welches Verfahren für ihn in Frage kommt.

Auch auf diesem Gebiet hat die Mikroelektronik dazu beigetragen, daß verschiedene Hersteller bereits komplette Navigationscomputer für vier- bis achttausend Mark anbieten können.

Tatsächlich gibt es zwei verschiedene Systeme für die Satellitennavigation:

a) Transit, auch Nnss (*Navy Navigation Satellite System*) genannt und
b) GPS (*Global Positioning System*) oder – wie der andere Name lautet – Navstar (*Navigation System for Time And Ranging*).

Das erstgenannte Verfahren arbeitet derzeit seit 15 Jahren und wird auf vielen Schiffen angewendet. Es hat allerdings im zweitgenannten Verfahren, GPS, seinen Meister gefunden. Dieses soll Ende des Jahrzehnts einsatzbereit sein, weswegen Transit langsam, aber sicher von GPS abgelöst werden und ab 1994 nicht mehr arbeiten wird.

Da GPS das wichtigste Satellitennavigations-Verfahren der kommenden Jahre sein wird und weitaus leistungsfähiger als andere Verfahren, soll die allgemeine Wirkungsweise der Satellitennavigation anhand dieses Verfahrens besprochen werden, obwohl wegen der Fehlschläge in der amerikanischen Raumfahrttechnik mit Verzögerungen gerechnet werden muß.

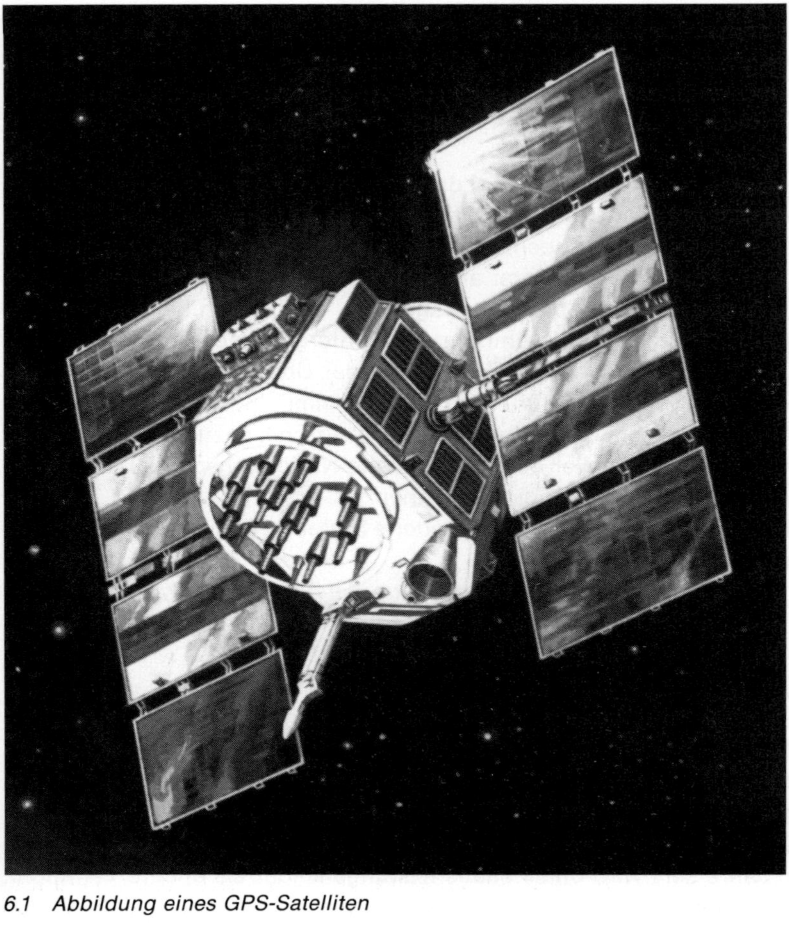

6.1 Abbildung eines GPS-Satelliten

6.2 GPS

Die Entwicklung des zur Zeit fortschrittlichsten Navigationsverfahrens, des *Global Positioning System,* wurde vom amerikanischen Verteidigungsministerium in Auftrag gegeben; seit 1973 wird ernsthaft daran gearbeitet. Wichtige an der Entwicklung beteilige Firmen sind: Rockwell (Satelliten), General Dynamics (Systemüberwachung) sowie Magnavox und Texas Instruments (Rechner). Selbstverständlich spielten die amerikanischen Streitkräfte in der Testphase eine wichtige Rolle.

Das GPS-System besteht neben den Bodenstationen aus ingesamt 18 aktiven Satelliten und 3 Reservesatelliten, die auf Umlaufbahnen in etwa 20000 km Höhe und mit Umlaufzeiten von 12 Stunden um die Erde kreisen. Die 800 kg schweren Kunstmonde tragen Antennen, die immer der Erde zugewandt sind. Die für ihr Funktionieren notwendige Energie wird von Solarzellen geliefert, beim Flug durch den Erdschatten übernehmen Batterien deren Aufgabe. Abbildung 6.1 zeigt einen solchen GPS-Satelliten und Abbildung 6.2 die Erdkugel mit den 18 Satellitenbahnen. Von jedem Punkt der Erde aus sind immer mindestens 4 Satelliten „zu sehen", das heißt, ein Anwender des Verfahrens kann über deren Signale gleichzeitig verfügen. Für Schiffe, die sich nur horizontal auf der Erdkugel bewegen, sind im Grunde 12 Satelliten ausreichend, da man für eine Ortsbestimmung die Signale von höchstens 3 Satelliten gleichzeitig benötigt. In der Praxis läuft es jedoch darauf hinaus, daß auch diese Anwender die Signale von 4 Satelliten verarbeiten werden.

Der Sender eines Satelliten schickt zweierlei Informationen zum Empfänger:

1. die Information über die Position des Satelliten selbst;
2. die „Zentralinformation". Diese enthält die genaue Zeit, zu welcher das Signal abgeschickt wurde.

Diese Informationen werden über Trägerwellen von sehr hoher Frequenz übertragen: 1227,6 und 1575,4 MHz. Die Trägerwellen sind phasenmoduliert, das heißt, das eigentliche Signal besteht aus der Veränderung der Phasen. Dieses Verfahren hat gewisse Ähnlichkeiten mit der

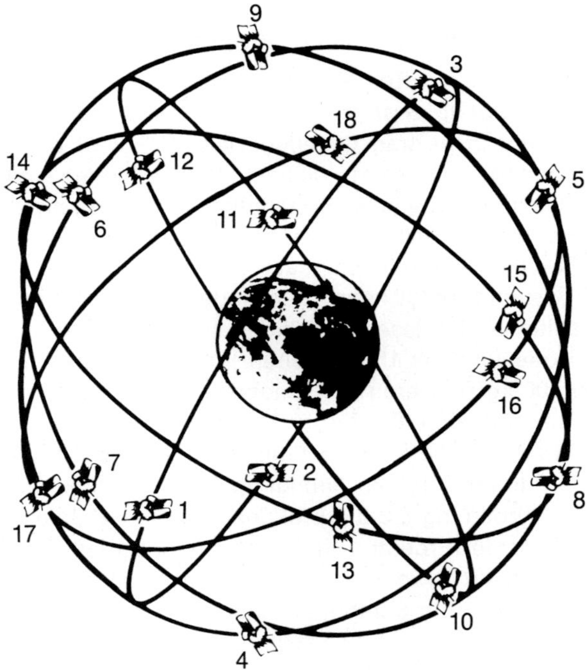

6.2 Die 18 GPS-Satelliten auf ihren Bahnen um die Erde

Frequenzmodulation (FM), bei der die Trägerwellen jedoch wesentlich niedrigere Frequenzen haben.

An Bord eines jeden Satelliten befindet sich eine Atomuhr, die mit allen anderen völlig synchron läuft und notfalls von der Bodenstation aus nachgestellt werden kann.

Angenommen, an Bord eines Schiffes befindet sich ebenfalls eine so genau gehende Uhr, die mit den Uhren der Satelliten absolut übereinstimmt. Zu einem bestimmten Zeitpunkt werden die Signale dreier Satelliten aufgefangen – mit Informationen über die jeweiligen Satellitenpositionen und die genaue Zeit der Signalausstrahlung. Der Rechner an Bord hält nun fest, zu welchem Zeitpunkt das Signal angekommen ist. Da die Ausbreitungsgeschwindigkeit der elektromagnetischen Wellen bekannt ist (= Lichtgeschwindigkeit), kann die vom Satelliten zum Schiff zurückgelegte Entfernung der einzelnen Signale vom Navigationscomputer berechnet werden. Die geometrischen Orte gleicher Entfernung eines Satelliten sind Kreise auf der Erdoberfläche*. Mathematisch ausgedrückt ist der geometrische Ort eine Kugelschale mit dem Satelliten als Mittelpunkt; schneiden sich zwei Kugeln (die zweite ist die Erde), ist die Schnittlinie immer ein Kreis. Abbildung 6.3 zeigt die Erdkugel und zwei Satelliten S_1 und S_2 mit ihren zwei Kugelschnittkreisen und einem der beiden Schnittpunkte P (der andere liegt in dieser Zeichnung „hinter dem Horizont"). Wichtig ist selbstverständlich, daß mindestens zwei Kreise zur Verfügung stehen. Zwei Kreise ergeben also zwei Schnittpunkte, von denen einer der Schiffsort ist. Aufgrund eines Koppelbestecks – dies braucht nicht einmal sehr genau zu sein – kann einer der beiden Schnittpunkte als unwahrscheinlich fallengelassen werden. Bei diesem Beispiel wurde von der Tatsache ausgegangen, daß der Empfänger sich auf Meereshöhe befindet und nicht etwa in einem Flugzeug. Letzteres würde eine dritte Dimension schaffen, wodurch zu einer Ortsbestimmung noch ein dritter Satellit notwendig würde. Hinzu kommen zwei weitere Gesichtspunkte: daß sich möglicherweise an Bord eines Forschungsschiffes, nicht jedoch auf einer Yacht eine Atomuhr befindet, und daß zum anderen die exakte Entfernung, die Höhe des Satelliten über der Empfangsantenne, bekannt sein muß.

Der Radius der Kugel, die um einen Satelliten gezeichnet werden kann, beträgt: $R = c \cdot t$, mit c als Ausbreitungsgeschwindigkeit des Signals (300 m/µs) und t als dessen Laufzeit vom Sender zum Empfänger.

Zur Bestimmung dieser Entfernung (englisch: *range*) muß die Zeit äußerst genau gemessen werden; ein Zeitmeßfehler von 1 Millionstel Sekunde ergibt bereits einen Entfernungsfehler von 30 Metern!

---

* Wer mit den Gesetzen der astronomischen Navigation vertraut ist, wird hier die Ähnlichkeit mit dem sogenannten „Höhenkreis" feststellen.

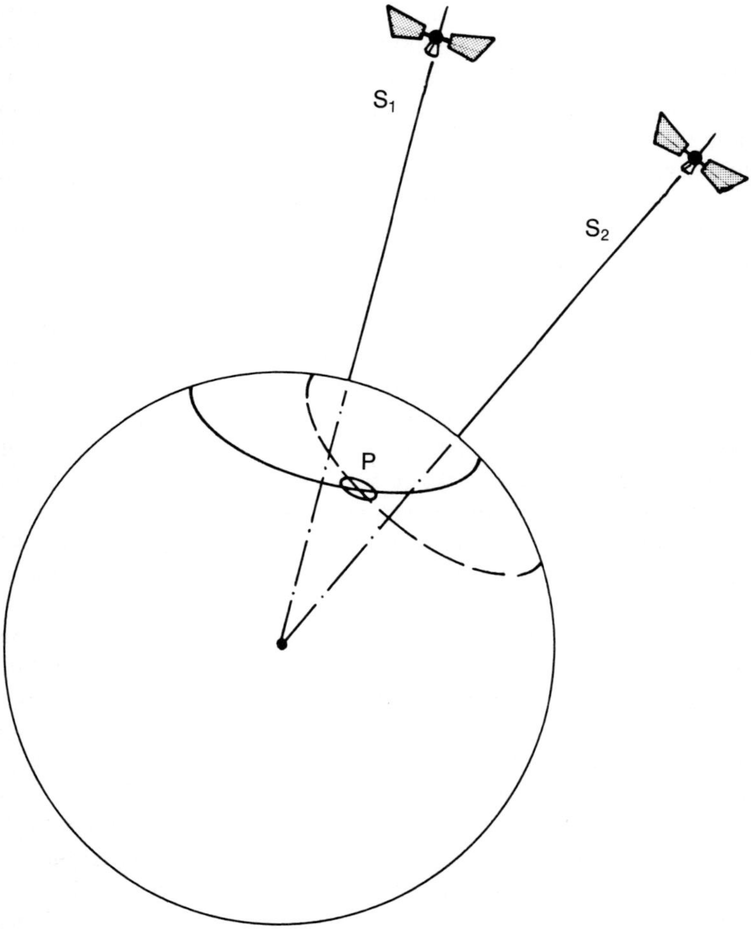

6.3 Die Satelliten S_1 und S_2 und ein Schiffsort P

Leider trifft die oben angenommene Situation in der Praxis nicht zu, denn der Zeitmesser an Bord einer Yacht ist nicht mit der Atomuhr des Satelliten synchronisiert. Zwar handelt es sich bei der Borduhr um einen sehr genau gehenden Quarzoszillator im Navigationscomputer, dennoch ist dieser mit einer Abweichung, dem *user clock bias (ucb),* gegenüber den Satellitenuhren behaftet. Die Folge dieser Abweichung ist, daß mit der oben beschriebenen Methode der Laufzeitmessung die Entfernung zum Satelliten nicht exakt ermittelt werden kann. Es lassen sich lediglich sogenannte *pseudo-ranges* bestimmen, Entfernungen also, die um den ucb-Fehler vom wirklichen Wert abweichen. Von einer Reihe zusätzlicher Fehler einmal abgesehen, läßt sich der fehlerhafte Entfernungswert in der folgenden Gleichung schreiben:

$$R_i' = R_i + c \cdot \triangle t_{ucb}$$

Hierbei sind:

R_i' = *pseudo-range* (= Entfernung) zum Satelliten i
R_i = tatsächliche Entfernung zum Satelliten i
c = Geschwindigkeit der Satellitensignale (= Lichtgeschwindigkeit)
$\triangle t_{ucb}$ = Zeitmeßfehler der Borduhr

In der obigen Gleichung wurden wie erwähnt weitere Fehlerquellen unberücksichtigt gelassen. Das heißt jedoch nicht, daß sie ohne weiteres vernachlässigt werden dürfen – wie etwa der Fehler, der aus der Veränderung der Signallaufzeit durch die Luftschichten der Erde entsteht.

Wie kann nun trotz des ucb-Fehlers der Schiffsort bestimmt werden? Dies wird unten erklärt, wobei im folgenden Beispiel die Situation zum besseren Verständnis zweidimensional, also als Flächenproblem gesehen wird (siehe Abbildung 6.4)

Drei Sender (die Satelliten Z_1, Z_2 und Z_3) liefern bei idealer, das heißt genauer Zeitmessung die drei gestrichelt gezeichneten Entfernungskreise mit ihren jeweiligen Radien R_i, die sich in einem Punkt, der Position P, schneiden. Aufgrund des ucb-Fehlers, der ja gegenüber allen Satelliten gleich ist, ergeben sich jedoch die durchgezogenen Entfer-

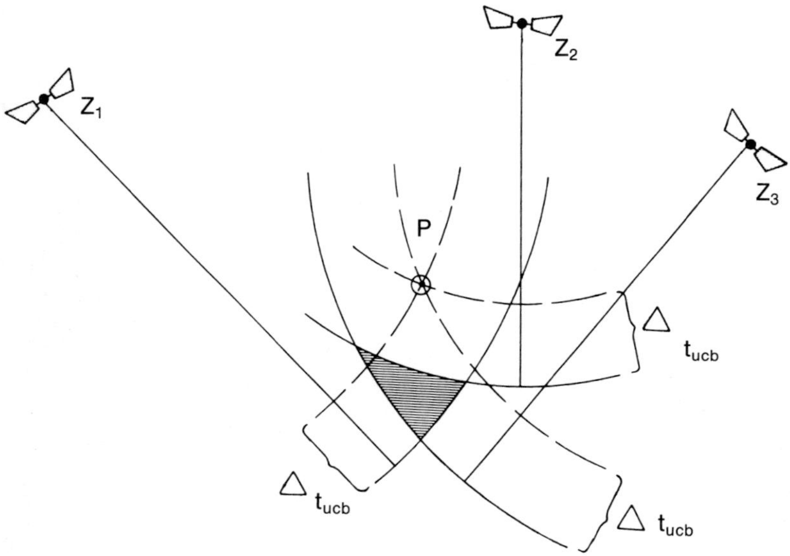

6.4 Drei Sender (Satelliten Z_1, Z_2 und Z_3) in der zweidimensionalen Ebene

nungskreise, die einen um den gleichen Entfernungswert $c \cdot \Delta t_{ucb}$ größeren Radius haben.

Geht die Borduhr gegenüber den Satellitenuhren vor, resultieren daraus größere Entfernungen als bei gleichgehenden Uhren. Das Ergebnis ist, daß sich die drei durchgezogenen Kreise nicht in einem einzigen Punkt schneiden, sondern ein Dreieck bilden, in dem irgendwo der Schiffsort liegt. Das Dreieck ist zu groß, als daß man damit zufrieden sein könnte. Praktisch kommt es also darauf an, den ucb-Fehler und andere, nicht näher beschriebene Fehler zu ermitteln und zu kompensieren, so daß die drei Kreise sich in einem Punkt schneiden. Erfreulicherweise ist der Navigationscomputer so programmiert, daß er mit diesem Problem spielend fertig wird.

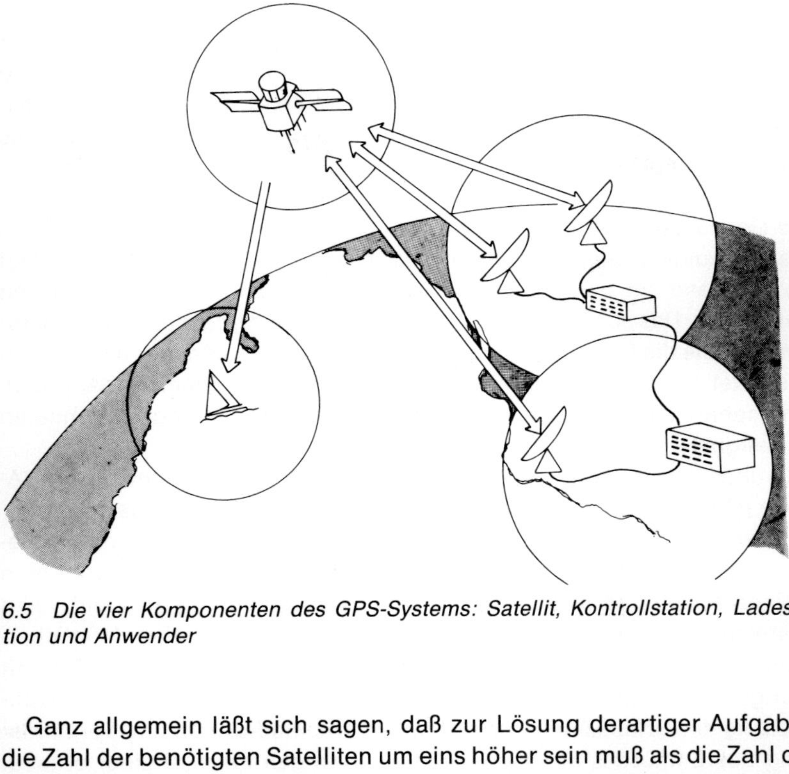

6.5 Die vier Komponenten des GPS-Systems: Satellit, Kontrollstation, Ladestation und Anwender

Ganz allgemein läßt sich sagen, daß zur Lösung derartiger Aufgaben die Zahl der benötigten Satelliten um eins höher sein muß als die Zahl der Dimensionen, in denen sich ein Standort verändern kann. Konkret bedeutet dies, daß Flugzeuge, die je eine Positionsangabe in Breite, Länge und Höhe benötigen, auf die Signale von vier Satelliten angewiesen sind. Schiffe hingegen bewegen sich nur zweidimensional, sie kommen daher mit drei Satelliten aus; stehen allerdings die Signale von vier Satelliten zur Verfügung, werden sie in der Regel auch verwendet.

Wie Abbildung 6.5 zeigt, arbeitet ein komplettes GPS-System mit insgesamt vier Komponenten: den Satelliten, vier Monitorstationen, der Kontrollstation und der Ladestation. Die vier Monitorstationen, die sich auf Hawaii, auf Guam, in Alaska und in Kalifornien befinden, sammeln die

Daten über die Satellitenbahnen und den Stand der Atomuhren in den Satelliten. Die Daten werden zum Kontrollzentrum weitergeleitet und notfalls korrigiert. Anschließend gehen die Daten zur Ladestation in Kalifornien und von dort weiter zu den einzelnen Satelliten, so daß diese jederzeit korrekte Daten zu den Anwendern senden.

Die Genauigkeit des GPS-Verfahrens

Die Genauigkeit des GPS-Verfahrens ist sehr groß. Theoretisch beträgt sie 16 Meter im militärischen Bereich und 100 Meter bei der zivilen Navigation. Das schließt jedoch nicht aus, daß es noch eine Reihe Faktoren gibt, die die Genauigkeit nachteilig beeinflussen können: die Position des Satelliten zum Anwender im Moment der Ortsbestimmung (Abb. 6.6), atmosphärische Einflüsse und die für die Ortsbestimmung verwendeten Kodesignale.

Grundsätzlich stehen zwei Arten Kodesignale zur Verfügung: der C/A-Kode *(Coarse or Civilian Access Code)* und der P-Kode *(Precision Code).* Mit dem erstgenannten wird eine theoretische Genauigkeit von 25 Metern, mit dem P-Kode eine solche von 16 Metern erreicht. Obwohl man meinen sollte, daß dieser Wert für die Ortsbestimmung an Land völlig ausreichend ist, wird weiter an der Verbesserung gearbeitet. Möglicherweise wird die theoretische Genauigkeit des zivilen C/A-Kodes in Zukunft (übrigens nicht unbedingt in positivem Sinn) geändert werden. Die Optimierung der Ortsbestimmung durch Fehlerkompensation und Verminderung des Einflusses atmosphärischer Störungen führt zu einer erheblichen Komplexität der Geräte. Diese Ziele sind nämlich nur durch die Verarbeitung einer größeren Datenmenge zu erreichen, wodurch auftretende Fehler korrigiert werden können. Soweit sich die technische Seite zur Zeit überblicken läßt, wird wahrscheinlich die einfachste Ausführung eines GPS-Navigationsgerätes in 90% der Fälle eine Genauigkeit von 100 Metern und darunter erreichen.

Zur Zeit stehen noch keine Testergebnisse bei der Anwendung auf kleinen Yachten zur Verfügung. Doch besteht Grund zur Annahme, daß die Genauigkeit auch hier sehr groß ist.

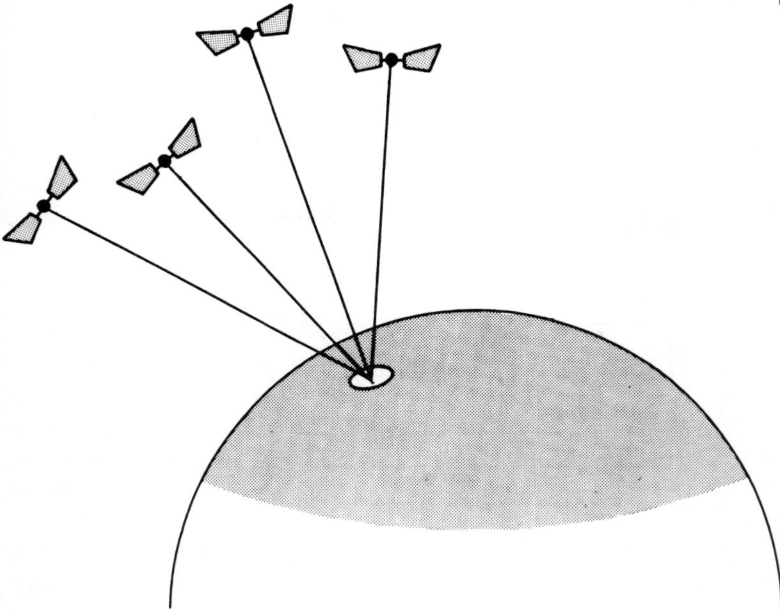

6.6a Ungünstige Satellitenkonstellation

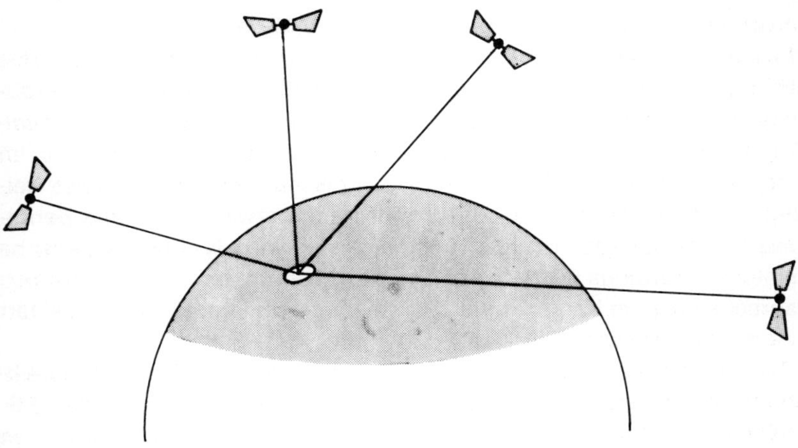

6.6b Günstige Satellitenkonstellation

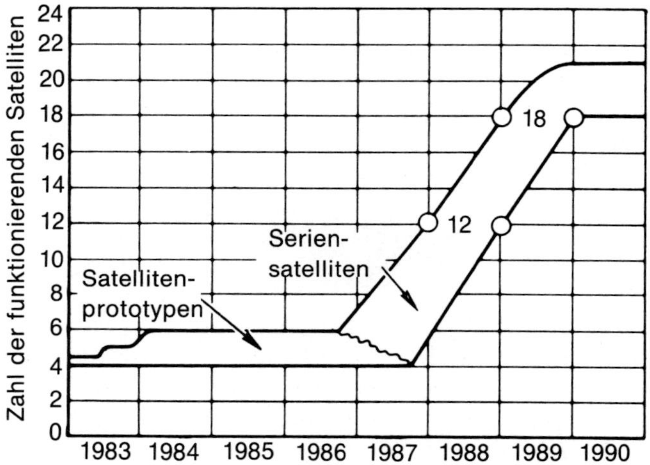

6.7 Die angestrebte Verfügbarkeit der GPS-Satelliten in den nächsten Jahren

Anwenderbeitrag und Verfügbarkeit des GPS-Verfahrens

Offiziell sollte der Benutzer für die Inanspruchnahme der Dienste des GPS-Verfahrens eine angemessene Gegenleistung in Form einer Vergütung erbringen. Die ausführende Instanz, die *Federal Aviation Administration,* wehrt sich jedoch heftig gegen eine solche Benutzergebühr. Im Hinblick auf den großen verwaltungstechnischen Aufwand ist diese Haltung nur allzu verständlich. Darum wird auch erwartet, daß die Benutzung des Verfahrens prinzipiell kostenlos sein wird. Nichtamerikanische Hersteller allerdings werden eine Vergütung entrichten müssen, die sich wahrscheinlich im Kaufpreis der Geräte niederschlägt. Eindeutig geklärt ist die Sache freilich noch nicht.

Abbildung 6.7 zeigt die voraussichtliche Verfügbarkeit der GPS-Satelliten in den nächsten Jahren. Mitte 1988 kreisten sieben arbeitende GPS-Satelliten um die Erde. Weitere Prognosen sind wegen der zahlreichen Rückschläge schwer zu machen.

Weitere ähnliche Systeme

In Europa erwägt die ESA (European Space Agency) die Entwicklung eines eigenen Navigationsverfahrens: NAVSAT. Mit diesem dem GPS ähnlichen System will man die völlige Abhängigkeit von den amerikanischen Ortsbestimmungsverfahren vermeiden. In der Sowjetunion gibt es noch das System GLONASS, von dem allerdings keine Einzelheiten bekannt sind.

6.3 TRANSIT

Das TRANSIT-Verfahren arbeitet nach einem völlig anderen Prinzip als GPS. Und zwar nutzt es geschickt den sogenannten Doppler-Effekt. Diesen akustischen Effekt kennt jeder aus eigener Wahrnehmung, wenn

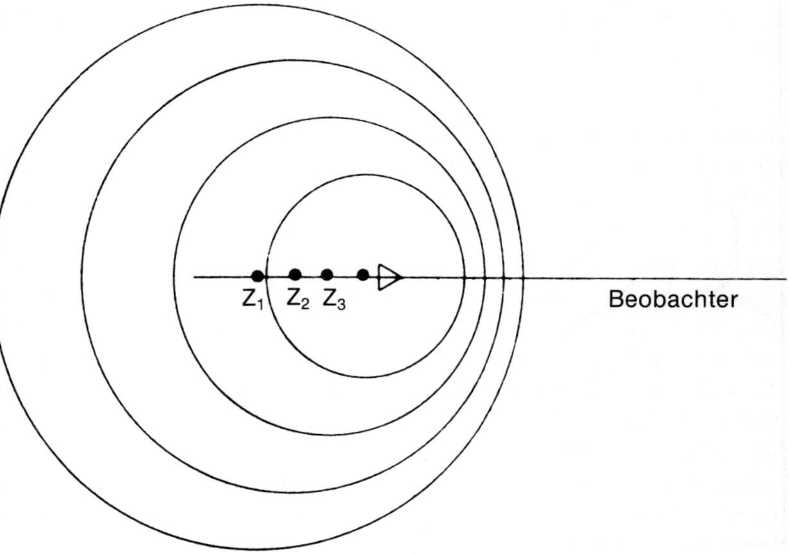

6.8 Ein Sender Z, der sich auf den Beobachter zubewegt

nämlich eine sich schnell bewegende Schallquelle – etwa ein hupendes Auto oder eine pfeifende Lokomotive – näher kommt und sich anschließend wieder entfernt. Die bei der Annäherung verursachte Verdichtung der Schallwellen bewirkt eine höhere Tonfrequenz und damit eine Zunahme der Tonhöhe, während beim Entfernen der umgekehrte Fall eintritt: Die Tonfrequenz sinkt, und der Ton wird dunkler. Bei Funkwellen tritt derselbe Effekt auf, er ist indes nicht mit menschlichen Sinnesorganen, sondern nur mit Hilfe geeigneter Empfangsapparatur wahrnehmbar.

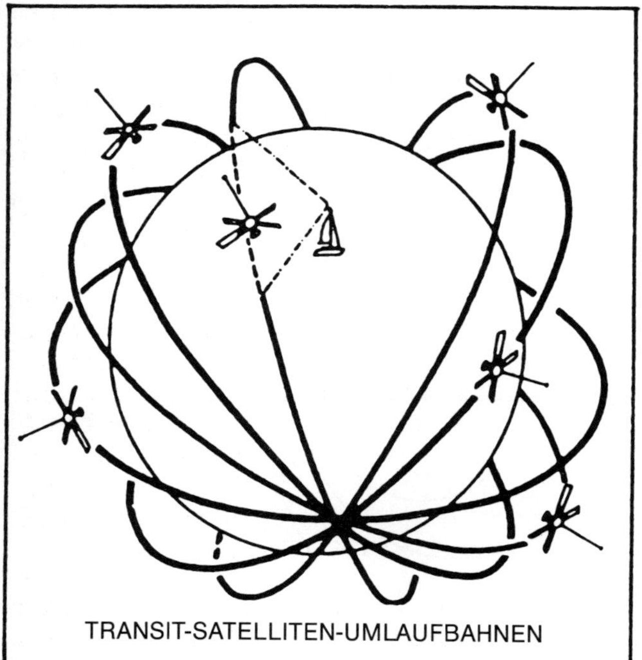

6.9 Umlaufbahnen der TRANSIT-Satelliten

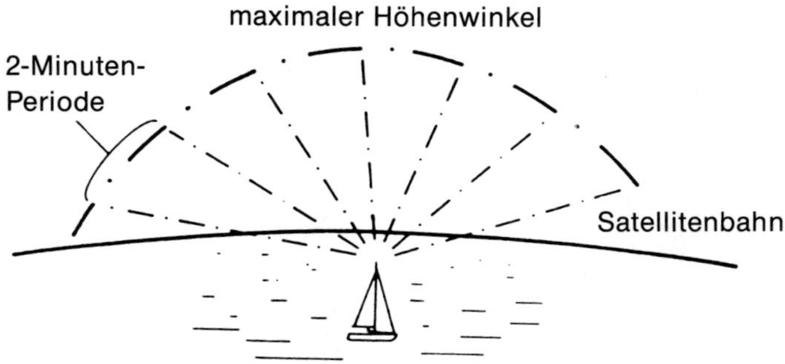

6.10 Durchgang eines Satelliten

Zum TRANSIT-System gehören 6 Satelliten – die Anzahl variiert allerdings –, die in festen Umlaufbahnen um die Erde kreisen (Abb. 6.9). Die Bahnhöhe ist mit 1100 km erheblich niedriger als beim GPS-System, und die Umlaufzeit beträgt ungefähr 108 Minuten. Das hat zur Folge, daß nicht jederzeit ein Satellit über dem Horizont verfügbar ist (Abb. 6.10)

Jeder Satellit sendet zwei Signale; das eine enthält Daten über seine Position, und das zweite wird für die sogenannte Doppler-Messung verwendet. In Abbildung 6.11 sendet ein Satellit am Ort S_1 ein Signal. Durch die Ortsveränderung nach S_2 wird die Frequenz des am Ort O empfangenen Signals vergrößert sein. Die Frequenzänderung errechnet sich aus dem Entfernungsunterschied $OS_1 - OS_2 = X_1S_1$. Die Geschwindigkeit, mit der der Satellit sich auf den Empfänger zubewegt, bestimmt den Längenunterschied X_1S_1; mit anderen Worten: Das Ausmaß des Doppler-Effektes und damit die Frequenzverschiebung sind direkt abhängig von der Annäherungsgeschwindigkeit. Die Mathematik lehrt, daß der geometrische Ort (die Figur oder die Kurve) aller Punkte mit demselben Entfernungsunterschied von zwei festen Punkten eine Hyperbel ist (siehe auch Seite 35 ff.). Die zwei Punkte sind in diesem Fall zwei Satellitenpositionen S_1 und S_2. Im Gegensatz zur Hyperbelnavigation kommt hierbei noch die dritte Dimension hinzu, so daß sich ein räumliches Gebilde ergibt, ein sogenanntes Hyperboloid, das einem halbierten Ei sehr ähnelt (siehe Abbildung 6.12). Die Schnittlinie dieses Hyperboloids mit der Erdoberfläche ergibt

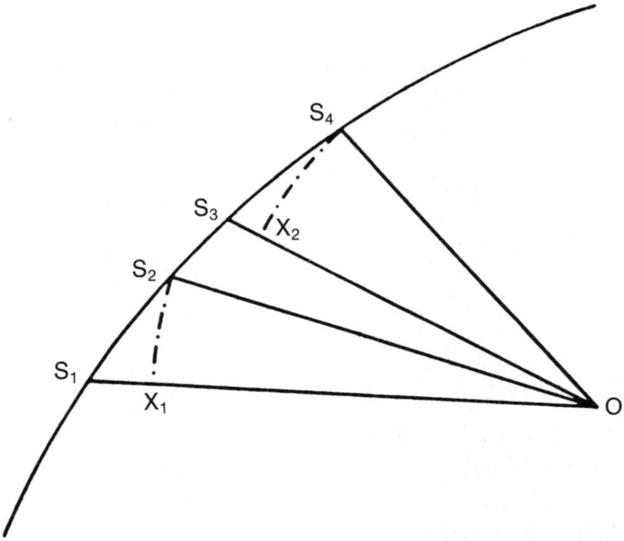

6.11 *Satellitenpositionen S_1, S_2, S_3 und S_4; die Annäherungsgeschwindigkeit ist nicht konstant*

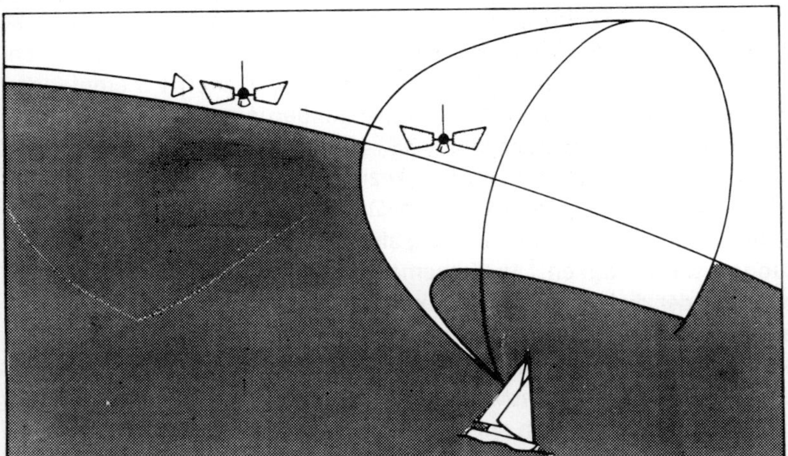

6.12 *Hyperboloid, Satellitenbahn und Erdoberfläche*

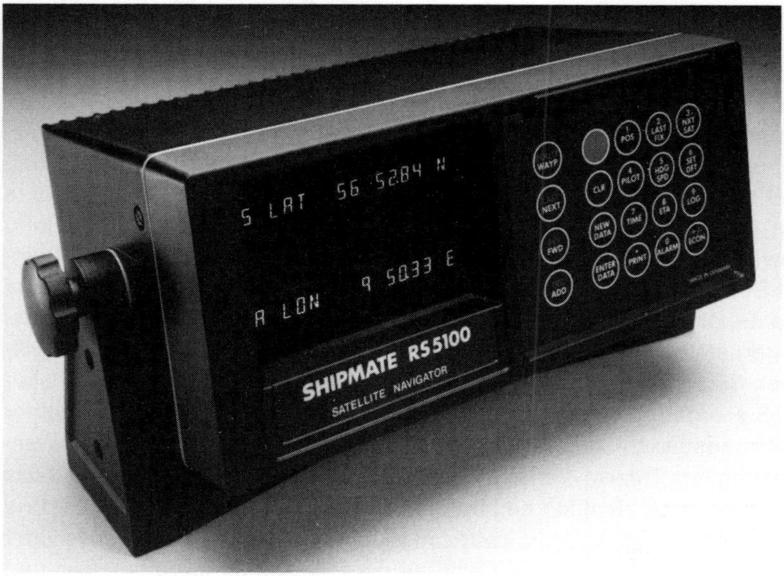

6.13 Ein TRANSIT-Satellitennavigationsgerät

wiederum eine Hyperbel, eine erste Standlinie. Eine zweite Messung liefert eine weitere Hyperbel, und der Schnittpunkt mit der ersten Hyperbel ist der Schiffsort. Mit diesem Verfahren kann durchschnittlich alle 45 bis 90 Minuten ein Standort bestimmt werden. Dies hängt von der eigenen Position auf der Erdkugel ab, mit anderen Worten, das Verfahren liefert *keine* kontinuierliche Standortbestimmung, da hierfür jedesmal ein Satellitendurchgang erforderlich ist. Im übrigen führt dies nicht zu navigatorischen Problemen, da das Gerät selbst nach Eingabe des Kurses und der Geschwindigkeit weiterkoppelt. Höchstens bei genauer Küstennavigation muß diese Unzulänglichkeit beachtet werden.

Genauigkeit

Das TRANSIT-Verfahren arbeitet ziemlich genau. Für ein stilliegendes

Schiff beträgt die Genauigkeit etwa 0,05 sm, das sind 90 Meter; für ein fahrendes Schiff verringert sich die Genauigkeit um 0,2 sm für jeden Knoten Fahrt über Grund, der dem Gerät falsch eingegeben wird. Für eine möglichst genaue Ortsbestimmung müssen also Kurs und Windabtrift, sowie Richtung und Stärke des Stroms eingegeben werden. Interessant sind in diesem Zusammenhang die Erfahrungen, die die Berufsschiffahrt bisher mit dem TRANSIT-Verfahren gemacht hat. Hierbei sollte man jedoch berücksichtigen, daß die Situation auf einer im Seegang schwer arbeitenden Yacht nicht mit der eines das Wasser durchpflügenden Supertankers zu vergleichen ist. Die Genauigkeit dieses Verfahrens wird daher an Bord einer Yacht eher geringer sein als auf einem optimal ausgerüsteten Handelsschiff. 1983 wurde im Auftrag der niederländischen Schiffahrtbehörde eine Umfrage in der Berufsschiffahrt veranstaltet. Sie ergab 114 verwertbare Antworten, aus denen ein allgemeiner Erfahrungsbericht zusammengestellt wurde. Im allgemeinen war die Beurteilung des TRANSIT-Verfahrens positiv, mit der Einschränkung, daß das Verfahren doch ziemlich empfindlich für falsche Geschwindigkeits- und Kursbeschickung ist. Und zwar müssen dem Navigator die Werte *über Grund* bekannt sein, was in Revieren mit z. B. starker Gezeitenströmung schwierig, wenn nicht gar unmöglich ist. Des weiteren wurden als Negativum die bisweilen langen Zeitintervalle zwischen zwei Ortsbestimmungen genannt. Auch ergaben sich Probleme, wenn der Höhenwinkel des Satelliten über dem Horizont verhältnismäßig gering war. Andere interessante Punkte waren:

- Im Roten Meer und entlang der ostafrikanischen Küste betrug das Zeitintervall zwischen zwei Ortsbestimmungen oft über 10 Stunden.
- Auch auf der Route zwischen dem Arabischen Meer und Singapur und in Äquatornähe war dieses Zeitintervall unerklärlich groß.
- Bisweilen traten unerklärlich große Abweichungen (bis zu 5 sm) bei der Ortsbestimmung nach TRANSIT auf.

Einige dieser Beobachtungen lassen sich leicht erklären. Da die räumliche Entfernung zwischen zwei aufeinanderfolgenden Satellitendurchgängen in Äquatornähe am größten ist, muß auch das Zeitintervall zwischen zwei Ortsbestimmungen dort zwangsläufig größer sein. Obendrein

	Prozentsatz Zeitintervalle		Zahl der Antworten	Prozentsatz des Fehlers ≤ 1 sm gegenüber anderen Verfahren	Zahl der Antworten
	≤ 6 Std.	≤ 2 Std.			
NW-Atlantik	84	48	31	83	30
NO-Atlantik	89	51	57	90	61
Zentr. W.-Atlantik	85	44	34	89	37
Zentr. O-Atlantik	91	48	23	85	27
SW-Atlantik	100	53	15	94	16
SO-Atlantik	93	47	15	60	15
Zentr. Ind. Ozean	95	24	21	50	32
S-Ind. Ozean	83	33	12	45	11
NW-Pazifik	78	22	9	66	9
NO-Pazifik	73	27	11	90	10
Zentr. W-Pazifik	57	29	7	57	7
Zentr. O-Pazifik	75	38	8	71	7
SW-Pazifik	66	67	3	100	3
SO-Pazifik	66	67	3	100	3
NW-Europa	94	7	36	86	41
Mittelmeer	91	26	23	81	26
Rotes Meer	75	21	24	66	30
Pers. Golf	89	22	18	90	20
S.-Chin. Meer	94	17	18	60	5
Jap. Meer	90	22	10	40	10
Karibik	96	50	24	86	29
Australien	75	50	4	60	5

Ergebnisse einer Umfrage unter der niederländischen Berufsschiffahrt nach der Zuverlässigkeit des TRANSIT-Navigationsverfahrens

ändern sich die Satellitenumlaufbahnen geringfügig gegeneinander, wodurch zwei Satelliten einander so nahe kommen können, daß sie ihre Signale gegenseitig beeinflussen und damit stören. Sie schalten sich dann einfach für einige Zeit automatisch ab. Die vorstehende Tabelle enthält eine Übersicht der Umfrageergebnisse, aus denen sich Einzelheiten über die Zeitintervalle zwischen zwei Ortsbestimmungen und die gegenüber einem anderen Verfahren aufgetretenen Fehler entnehmen lassen.

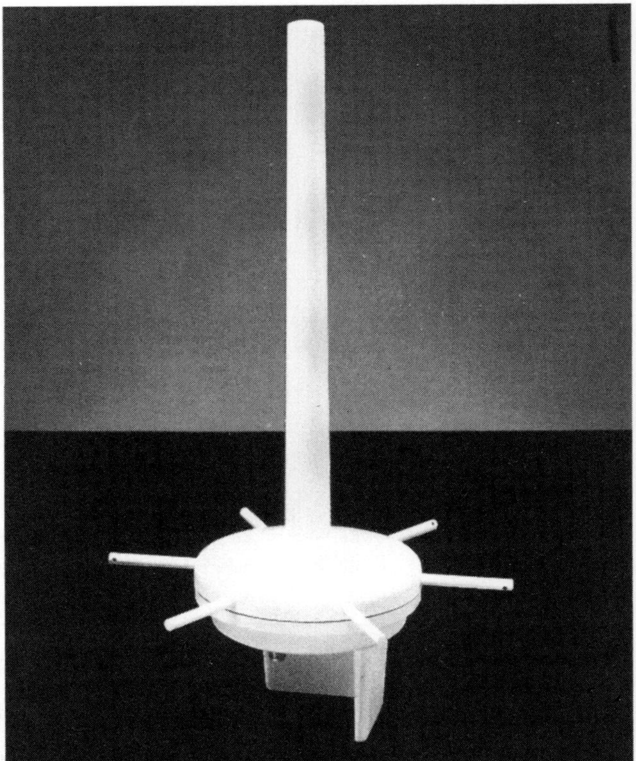

6.14 Kombinierte GPS/TRANSIT-Antenne

6.4 Übungsfragen

1. Welche Vorteile bietet GPS gegenüber TRANSIT?
2. Was versteht man unter *Pseudo-range*?
3. Für eine Standortbestimmung auf See müssen die Signale einer Mindestanzahl Satelliten aufgefangen werden. Wie hoch sind diese Zahlen beim GPS- und wie beim TRANSIT-Verfahren?
4. Unter welchen Umständen ist die TRANSIT-Navigation ungenau?
5. Stehen TRANSIT-Satelliten jederzeit für eine Ortsbestimmung zur Verfügung?
6. Unter welcher Bedingung würden mit dem GPS-Verfahren zwei Satelliten für eine Ortsbestimmung ausreichen?

7 Radar

7.1 Einleitung

Radar ist eine sehr nützliche Navigationshilfe. Darum haben nicht nur alle Seeschiffe der Kriegs- und Handelsmarine und der Fischerei, sondern auch viele Binnenschiffe Radar an Bord. Auch steigt die Zahl der Motor- und Segelyachten, die mit Radar ausgerüstet sind, von Jahr zu Jahr. Im Vergleich zu den anderen in diesem Buch behandelten Navigationsmethoden erfordert der Umgang mit Radar jedoch vom Yachtskipper um einiges mehr an Sachkunde und Einsicht. Aus diesem Grund wird hier besonders ausführlich auf die Eigenschaften des Radars eingegangen.

Das Kunstwort RADAR setzt sich aus den Anfangsbuchstaben von *Radio Detecting And Ranging* zusammen. Das heißt soviel wie: Mit Radar kann eine Peilung auf ein Objekt genommen und gleichzeitig die Entfernung des Objektes von der eigenen Position bestimmt werden. Vereinfacht ausgedrückt gibt es für Radar zwei Anwendungsmöglichkeiten:

a) das Radarbild kann für Navigationszwecke benutzt werden und
b) Radar kann dazu dienen, Schiffskollisionen zu verhüten.

Es liegt nahe, daß im Rahmen eines Buches über elektronische Navigationshilfen der unter a) genannten Anwendungen das größere Interesse gilt. Das Verhindern von Kollisionen mit Hilfe von Radar hört sich einfacher an, als es in der Praxis ist. Nach Meinung von Fachleuten werden durch unsachgemäße Radarauswertung sogar Kollisionen eher verursacht als vermieden. Die Schwierigkeit bei der Auswertung von Radarbildern liegt im großen Unterschied zwischen dem auf dem Schirm Gezeigten und dem, was das menschliche Auge gewohnt ist wahrzunehmen. Hierauf wird noch eingegangen.

7.2 Wie funktioniert Radar?

Eine um eine senkrechte Achse rotierende Radarantenne, der *scanner*, sendet ultrakurze Impulse von sehr hoher Frequenz aus. Treffen diese Impulse auf ein Objekt, werden sie von diesem reflektiert. Anschließend

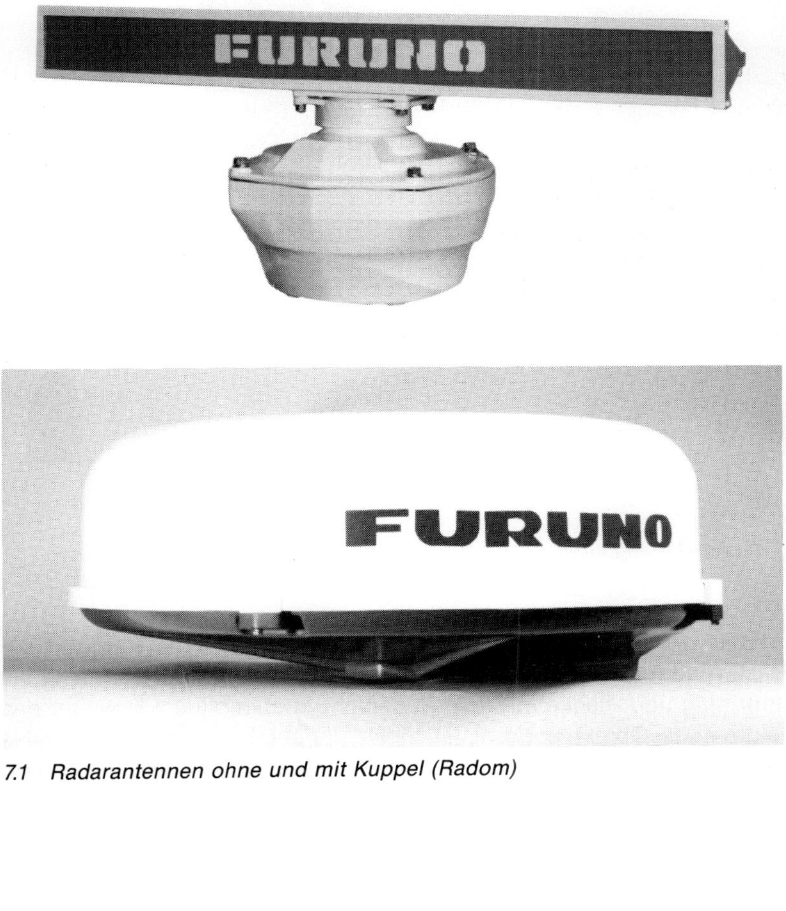

7.1 Radarantennen ohne und mit Kuppel (Radom)

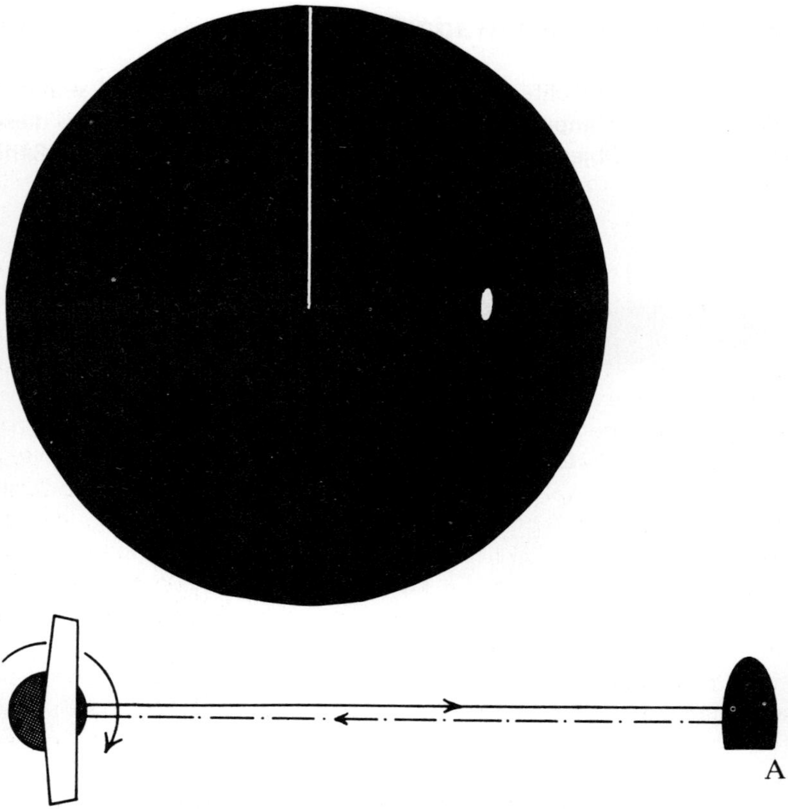

7.2 Die Entstehung eines Echos auf dem Radarschirm

werden sie von derselben Antenne, die das Segment eines Parabolspiegels ist, wieder aufgefangen, im Empfänger *(receiver)* verarbeitet und als Lichtpunkte und -flecke auf dem Radarschirm abgebildet. Je weiter das reflektierende Objekt entfernt ist, desto länger brauchen die Impulse zurück zur Antenne. In dieser Hinsicht ähnelt das System einem Echolot, das jedoch mit Schallwellen arbeitet, während das Radar Funkwellen erzeugt.

Bei den meisten Radaranlagen wird die eigene Position genau in die Mitte des kreisförmigen Radarschirms gelegt. Um diesen Mittelpunkt herum erscheinen dann Lichtflecke: die vom Radarstrahl getroffenen Objekte. Die Radarantenne dreht sich mit einer Geschwindigkeit von 20 bis 30 Umdrehungen pro Minute (das ist etwa eine Umdrehung alle zwei Sekunden) um ihre Achse. Synchron mit der Antenne dreht sich um den Mittelpunkt des Radarschirm seine Zeitkonstante. Diese ist ein „unsichtbarer" Kathodenstrahl, der sich sehr schnell von der Mitte zum Rand des Radarschirms bewegt. Zum besseren Verständnis stelle man sich vor, daß die Antenne stillsteht und genau zum Objekt hin ausgerichtet ist. Ein von ihr gesendeter und vom Objekt reflektierter Impuls wird wieder aufgefangen und erzeugt zusammen mit dem „unsichtbaren" Kathodenstrahl einen sichtbaren Lichtfleck, mit anderen Worten, der Kathodenstrahl leuchtet unter Mitwirkung des Impulses an einer bestimmten Stelle des Radarschirms auf. Diese Stelle wird von der Zeit bestimmt, die der Impuls für den Hin- und Rückweg benötigt. Liegt das Objekt in großer Entfernung, wird der Lichtfleck am Rand des Schirms sichtbar, liegt das Objekt hingegen ganz in der Nähe, erscheint der Fleck dicht beim Mittelpunkt, der eigenen Position.

Der Radarschirm leuchtet nach. Glücklicherweise, möchte man sagen, denn sonst würde das Echo nach kurzem Aufblitzen sofort wieder verschwinden und erst nach einer weiteren Antennenumdrehung erneut erscheinen. Bei den meisten Radaranlagen dauert die Nachleuchtzeit mindestens eine Antennenumdrehung lang, so daß der Lichtfleck praktisch kontinuierlich sichtbar bleibt. Obgleich die Bedienung einer Radaranlage noch genauer beschrieben wird, folgen an dieser Stelle bereits die vier wichtigsten Elemente eines Radarschirms: die *Gradeinteilung* (0 bis 360°), die *Vorauslinie,* die *Abstandsringe* und der *Peilstrich,* (siehe Abb. 7.3).

Die *Vorauslinie* ist ein leuchtender Strich, der in den meisten Fällen auf 000° der Gradeinteilung liegt. Man nennt das ein vorausorientiertes *(ship's head-up)* Display. Auf die Antenne übertragen bedeutet dies, daß

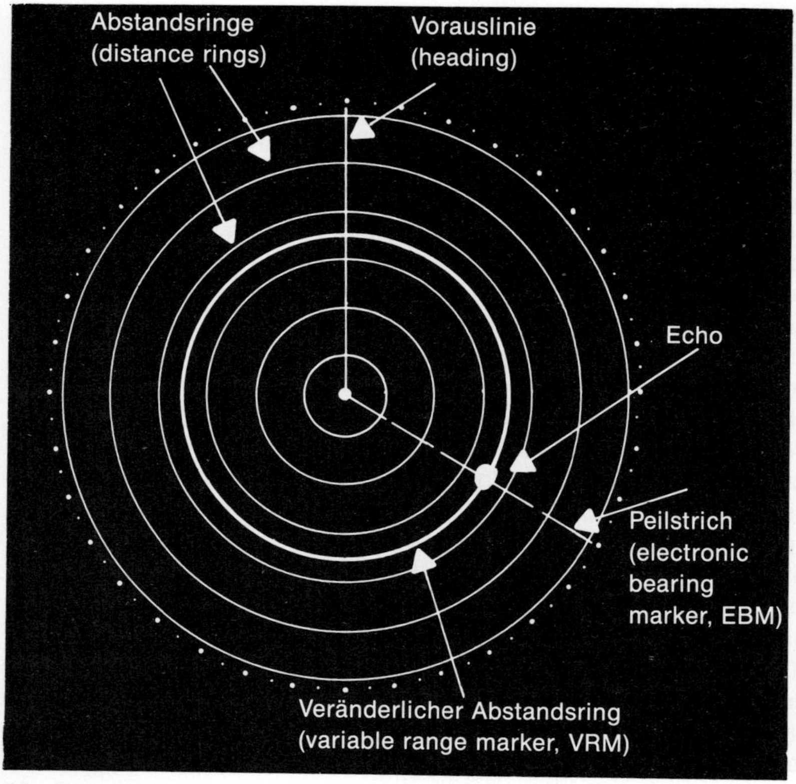

7.3 Radarschirm

der Radarstrahl recht voraus in Kursrichtung weist, falls Zeitkonstante und Vorauslinie zusammenfallen. Yachten, die mit einem elektrischen Kompaß ausgerüstet sind, können diesen unter Umständen mit dem Radargerät koppeln. In einem solchen nordstabilisierten Display ist die Vorauslinie zur Kurslinie geworden, denn sie gibt dann den Kompaßkurs an. Die verschiedenen Darstellungen des Radarbildes wirken sich selbstverständlich auf die Peilung des georteten Objektes aus. Im ersten Fall wird die Peilung relativ zum anliegenden Kurs gerechnet, wohingegen man im zweiten Fall eine Kompaßpeilung erhält. Weiter unten wird dies noch ausführlicher behandelt.

Die *Abstandsringe* sind konzentrische, auf den Radarschirm projizierte Kreise. Die meisten Radaranlagen tragen 6 solcher Ringe, so daß der Erfassungsbereich des Radars sechsfach unterteilt wird. Ist der Bereich *(range)* beispielsweise auf 12 Seemeilen eingestellt, beträgt die wahre Entfernung zwischen zwei Ringen 2 Seemeilen. Hierdurch wird die rasche und sichere Entfernungsbestimmung eines Objektes vom eigenen Standort aus wesentlich erleichtert. Noch einfacher wird dies bei Radarschirmen mit einem zusätzlichen, im Radius veränderlichen Abstandsring, dem *variable range marker, VRM,* der auf den Lichtfleck – das Ziel – gelegt werden kann.

Mit dem *Peilstrich (cursor, electronic bearing marker, EBM)* kann die Peilung eines Objektes abgelesen werden. Hierzu legt man den Peilstrich auf den Lichtfleck des Objekts und liest die Peilung auf der Gradeinteilung am Bildschirmrand ab. Beim vorausorientierten Schirm erhält man eine auf den Kurs bezogene Peilung, in Abbildung 1.3 sind das 120°. Liegt beispielsweise ein Kurs von 45° an, ergibt das eine Kompaßpeilung von 120 + 45° = 165°. Dieser Wert muß dann noch mit der Mißweisung und der Deviation korrigiert werden. Eine bei vielen Radaranlagen vorkommende Peilhilfe ist die Möglichkeit, die Gradeinteilung als Ring zu drehen und damit die Vorauslinie auf den eigenen rechtweisenden Kurs legen zu können. Damit läßt sich die rechtweisende Peilung des Objekts direkt ablesen.

7.3 Die Radarkeule

Die folgenden Ausführungen behandeln kurz eine Reihe Eigenschaften der von der Antenne gesendeten Radarimpulse. Das ist deswegen besonders aufschlußreich, weil diese Eigenschaften die Wahrnehmungen auf

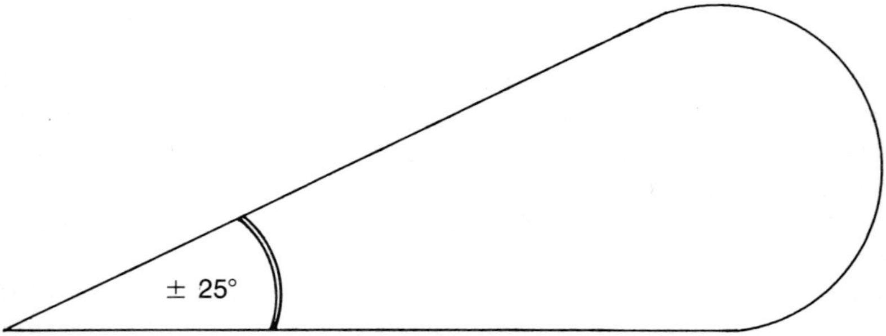

7.4a Radarkeule in der Seitenansicht (übertrieben dargestellt)

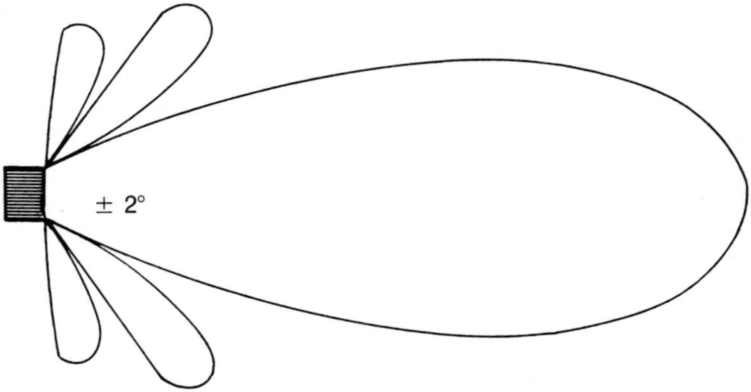

7.4b Radarkeule von oben gesehen, mit Streukeulen (übertrieben dargestellt)

dem Radarschirm direkt beeinflussen und damit Genauigkeit und Zuverlässigkeit der Radarnavigation mitbestimmen.

Die Radarantenne sendet, wie gesagt, ultrakurze Impulse aus. Die Bündelung dieser Impulse ist jedoch nicht sehr stark, so daß man von einer sogenannten Radarkeule spricht, mit einer gewissen Streuung nach oben und zu den Seiten (siehe Abbildung 7.4). Es liegt auf der Hand, daß dies nicht ganz ohne nachteilige Nebeneffekte für die praktische Navigation geschieht.

a) Horizontale Streuung der Radarimpulse

Trifft ein Radarbündel auf ein Objekt und wird es nach der Reflexion wieder an Bord aufgefangen, wird es als Echobild auf dem Radarschirm sichtbar gemacht.

Abbildung 7.5 zeigt zwei Tonnen mit Radarreflektoren, die nahe beieinander stehen und daher gleichzeitig von der Radarkeule erfaßt werden. Als Folge davon werden die beiden Tonnen auf dem Radarschirm nicht als getrennte Echos abgebildet und daher nicht als zwei Tonnen erkannt. Liegen die Tonnen hingegen weit genug auseinander, werden sie vom rotierenden Radarstrahl zeitlich deutlich nacheinander erfaßt und somit auch als zwei getrennte Objekte abgebildet (Abb. 7.6).

Ein weiteres Beispiel für die seitliche Streuung des Radarbündels zeigt sich bei dem Versuch, eine enge Flußmündung in einer Küstenlinie auszumachen. Da beide Flußufer gleichzeitig vom Strahlenbündel erfaßt werden, erscheint die Küste als eine durchgehende Linie ohne deutliche Unterbrechung, (Abb. 7.7).

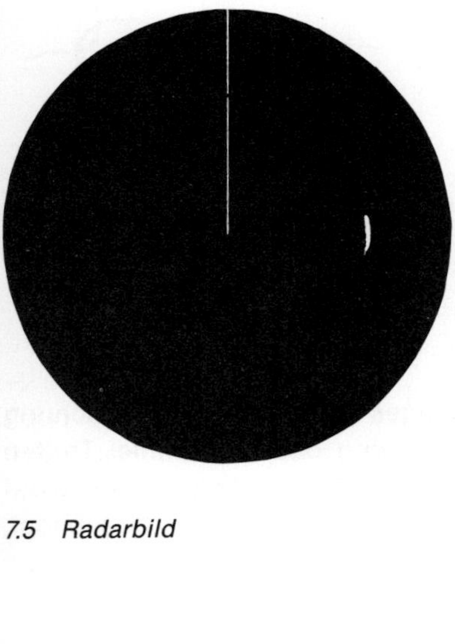

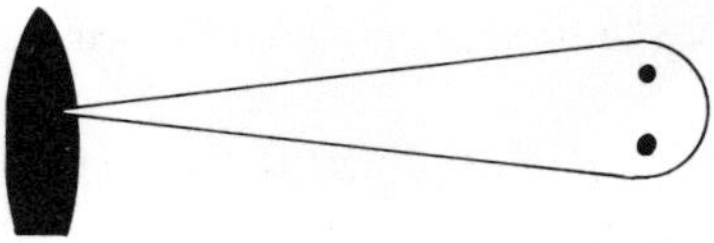

Zwei Tonnen in einem Radarbündel

7.5 Radarbild

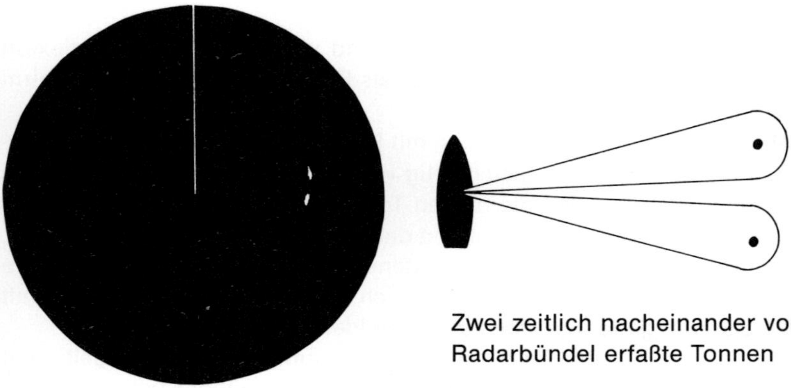

7.6 Radarbild

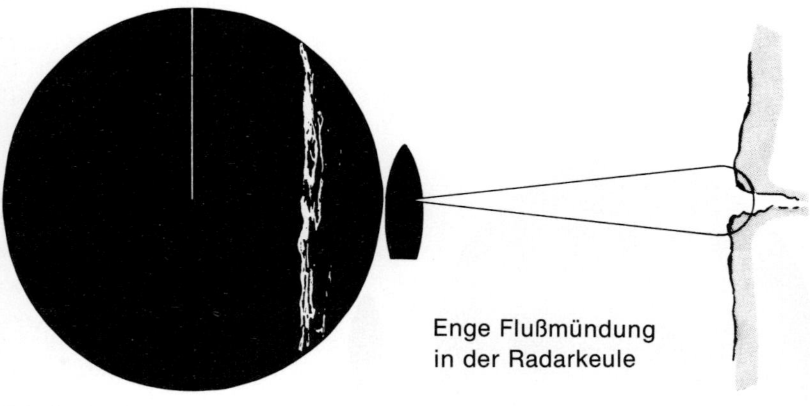

7.7 Radarbild

Ein letztes, für die Navigation wichtiges Beispiel einer Täuschung durch Radar ist die scheinbare Verlängerung der Küstenlinie. Treffen Impulse am Rand der Radarkeule auf ein Objekt, wie etwa in Abb. 7.8 auf einen Landvorsprung, wird das Echo auf dem Radarschirm abgebildet,

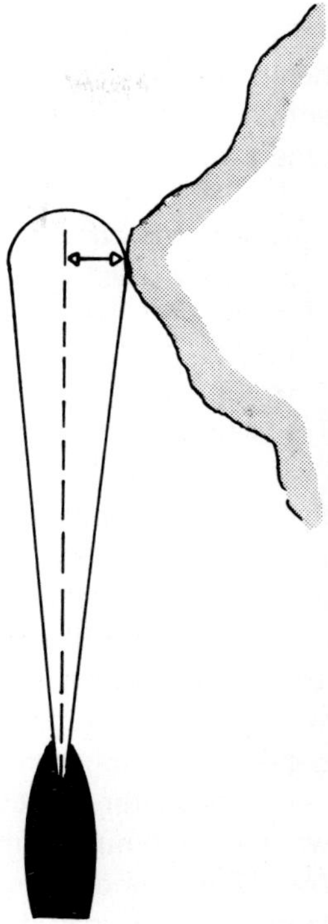

7.8 Radarkeule an einem Kap

als ob es vom Zentrum des Radarbündels getroffen worden wäre. Die Folge ist eine scheinbare seitliche Verschiebung der Landzunge und eine möglicherweise verhängnisvolle Falschpeilung mit Radar. Das Kap in Abbildung 7.8 wird durch den beschriebenen Effekt verschoben auf dem Radarschirm abgebildet, die Küstenlinie wird erweitert. Im dargestellten Fall würde die Peilung zu weit westlich ausfallen. Der beschriebene negative Effekt der horizontalen Radarstreuung macht sich bei großen Entfernungen natürlich stärker bemerkbar als bei nahen Objekten; genauso, wie das auch bei einer normalen Sichtpeilung der Fall ist.

Einen Eindruck vom Auflösungsvermögen eines Radarbündels, das heißt, von der Fähigkeit eines Radargerätes, zwei getrennte Objekte als solche wiederzugeben, vermittelt die folgende Tabelle. Dabei wird von einem Streuungswinkel von 2° ausgegangen.

Entfernung zu den Objekten	*nicht mehr zu unterscheiden bei einem Abstand kleiner als*
5 sm	325 m
10 sm	650 m
15 sm	1000 m
20 sm	1300 m

Eine weitere Unzulänglichkeit, die ebenfalls ihre Ursache in der seitlichen Verbreiterung des Radarbündels hat, ist die seitliche Verzerrung auch kleinster reflektierender Objekte. Dieser Verzeichnungseffekt beeinflußt also nicht nur die Genauigkeit und Zuverlässigkeit von Peilungen, er erschwert obendrein die Erkennung und Interpretation eines Radarechos. Die meisten kleineren Objekte erscheinen dann als kleine gebogene Striche um den Mittelpunkt des Radarschirms. Der unerfahrene Betrachter deutet diese Striche selbstverständlich als Schiffe, auch wenn es sich nur um mit Radarreflektoren ausgestattete Tonnen handelt, (Abb. 7.9). Aus diesem Grund ist es besonders wichtig, sich darüber im klaren zu sein, daß die Form der Echobilder einzelner Objekte keinerlei Aufschluß gibt über deren tatsächliche Form. So ist es beispielsweise völlig unmöglich, anhand des Radarechos festzustellen, was Bug und was Heck eines Schiffes sind.

b) Die vertikale Streuung der Radarimpulse

Im allgemeinen wird die Höhenausdehnung eines Objektes nicht von Interesse sein. Daher hat die vertikale Streuung des Radarbündels keinen nachteiligen navigatorischen Effekt, im Gegenteil, sie erst macht es möglich, daß auch ein überliegendes oder ein im Seegang rollendes Schiff Radarkontakt haben kann. Ist die Schräglage allerdings zu groß, kann es

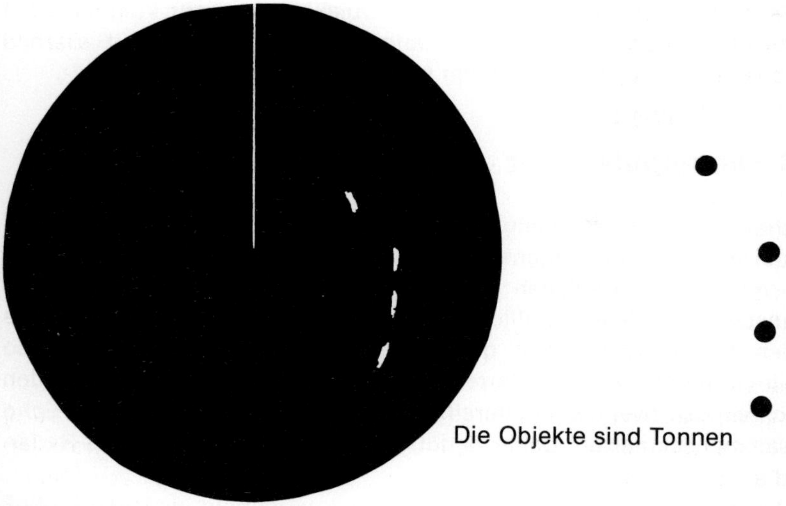

7.9 Radarbild

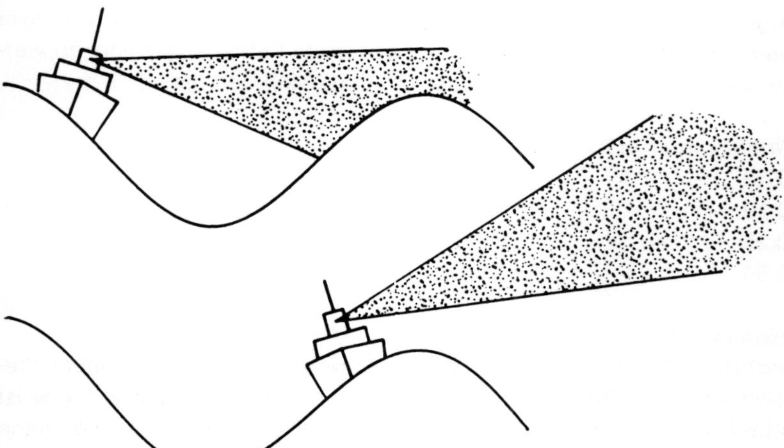

7.10 Radarkeule bei einem stark rollenden Schiff

vorkommen, daß der Radarstrahl ein Objekt nicht mehr kontinuierlich erreicht oder dessen Echo nicht aufgefangen wird, daß das Radarbild also ab und zu vom Radarschirm verschwindet.

7.4 Die Impulsdauer

Bisher wurde nur allgemein von Radarimpulsen gesprochen, als ob alle Impulse die gleichen Eigenschaften hätten. Das ist jedoch nicht der Fall. Die meisten Radaranlagen besitzen die Möglichkeit, die Impulse nach Wunsch zu variieren. Zeitlich lange Impulse sind energiereicher, was ihnen die Möglichkeit gibt, größere Entfernungen zu überwinden, also weiter entfernte Objekte zu erreichen. Damit erkauft man sich jedoch den Nachteil, daß zwei dicht hintereinander liegende Objekte zu einem Echo zusammenschmelzen. Daher benötigt man für ein detaillierteres Radarbild auch noch kurze Impulse.

Die folgende Tabelle soll einen Eindruck vermitteln, welchen Einfluß die Impulsdauer auf das Auflösungsvermögen des Radarstrahles hat. Die Längenangaben sind die Mindestabstände in Längsrichtung, die zwei Objekt haben müssen, um noch als getrennte Echos abgebildet zu werden, als Funktion der Impulsdauer in Mikrosekunden (µs).

Impulsdauer in µs	*Abstand*
0,05	7,3 m
0,10	14,6 m
0,25	37,5 m
0,50	75,0 m

Frequenz

Yacht-Radargeräte arbeiten mit dem sogenannten X-Band, einem Frequenzband von 9320 bis 9500 MHz; ein hierfür oft verwendeter Name ist „3-cm-Band“. Ein anderes im Radarbetrieb verwendetes Frequenzband ist das S-Band, ein „10-cm-Band“ von 2920 bis 3100 MHz. Zwar liefert dieses Frequenzband undeutlichere Radarbilder, wird aber andererseits

7.11 Mit dem Radar kann man nicht „um die Ecke" sehen

weniger durch Regen und Seegang (*sea-clutter*) getrübt. Dieses Radar wird jedoch nur als zweites Radar eingesetzt.

7.5 Beugung des Radarstrahls

Der Radarstrahl wird *nicht* um Objekte herum gebeugt. Mit anderen Worten: Man kann mit dem Radargerät nicht „um die Ecke sehen". Dies gilt es zu berücksichtigen, wenn zwei Objekte hintereinander liegen und somit das hintere Objekt im „Schatten" des anderen liegt. Inwieweit dies Anlaß zu Fehlinterpretationen sein kann, veranschaulicht Abbildung 7.11. Der Küstenteil, der hinter der Landzunge „verborgen" liegt, wird nicht auf dem Radarschirm abgebildet.

7.6 Die Reichweite des Radars

Folgende Faktoren bestimmen weitgehend die Reichweite eines Radars:
- die Impulsdauer,
- die elektrische Leistung der Radaranlage,
- die Höhe des Objektes und
- die Höhe der Radarantenne.

Im allgemeinen folgen Radarstrahlen nicht der Erdkrümmung, so daß die Reichweite genau wie die visuelle Wahrnehmung begrenzt ist. In erster Linie sind es also die Höhe der Antenne und des Objektes, von der die Reichweite abhängt.

Andererseits darf man das Verhalten des Radarstrahls nicht ganz dem des sichtbaren Lichts gleichsetzen. Aufgrund ihrer größeren Wellenlänge können die Radarstrahlen in begrenztem Maße der Erdkrümmung folgen. Dadurch liegt der Radarhorizont etwa 6% weiter entfernt als der visuelle Horizont.

Der Radarhorizont einer 10 Meter über dem Wasser angebrachten Antenne beträgt etwa 10 Seemeilen. Anhand der folgenden empirischen Formel läßt sich die Reichweite einer Radarantenne ermitteln:

$$D \text{ in Seemeilen} = 2{,}2 \times (\sqrt{\text{Antennenhöhe}} + \sqrt{\text{Objekthöhe}})$$

Diese Formel ähnelt der Formel für die Sichtweite* aus der Küstennavigation.

Ein Beispiel:
In welcher Entfernung taucht Helgoland auf dem Radarschirm auf, wenn sich die Antenne in 12 Meter Höhe befindet und der höchste Punkt von Helgoland 58 Meter über dem Meeresspiegel liegt?

Werden die Angaben in die Formel eingebracht, erhält man:

$$D = 2{,}2 \times (\sqrt{12} + \sqrt{58}) = 24{,}4 \text{ sm.}$$

* Die Entfernung, in der man ein Leuchtfeuer noch gerade über dem Horizont ausmachen kann, lautet : $D = 2{,}09 \times (\sqrt{\text{Höhe Leuchtfeuer}} + \sqrt{\text{Augenhöhe}})$ in Seemeilen.

Hierbei darf nicht übersehen werden, daß die höchsten Teile eines Küstenstriches zuerst auf dem Radarschirm erscheinen. Bei einer flach ansteigenden Küste liegt der Standort also bereits näher an der Küstenlinie, als der Radarschirm suggeriert!

Einige Entfernungen, in denen sich verschiedene Objekte befinden, wenn sie mit einer 5 Meter über der Wasserlinie angebrachten Antenne wahrgenommen werden:

Kliffküste 50 m ü. M.	20 sm
flache Küste (Strand)	1 – 5 sm
Hafenmole	4 – 10 sm
großer Frachter (10 000 t)	10 – 16 sm
kleines Schiff (ca. 1000 t)	6 – 10 sm
Fischkutter	3 – 9 sm
Feuerschiff	6 – 10 sm
Tonne mit Radarreflektor	6 – 8 sm
kleine Tonne	½ – 1 sm

Die Reichweite eines Radars ist allerdings nicht nur von festumrissenen Faktoren wie Antennenhöhe usw. abhängig, sondern auch in gewissem Maße von der relativen Luftfeuchtigkeit, dem Luftdruck und dem Material und der Form der Objekte. Daher hat die oben genannte Formel nur bedingte Gültigkeit.

Die Regel, daß hinter dem Horizont auf Seeniveau liegende Objekte normalerweise nicht auf dem Radarschirm abgebildet werden, hat jedoch Ausnahmen. Und zwar unterscheidet man im wesentlichen zwei Arten der Strahlenbeugung, welche die Reichweite eines Radars entweder vermindern oder erhöhen können: die Unterreichweite und die Überreichweite.

a) Unterreichweite

Bei bestimmten atmosphärischen Gegebenheiten, vor allem wenn die Luft über dem Seewasser erheblich (mehr als 6° C) kälter ist als dieses, können die Radarimpulse anormal nach oben gerichtet sein. Die Reichweite kann dann sogar auf 65% des theoretischen Wertes reduziert werden. Auf der Nordsee kommt solch eine Situation vor allem im Winter vor.

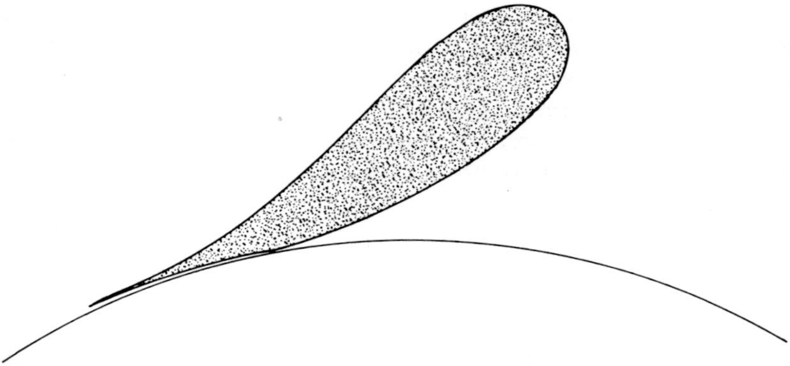

7.12 Unterreichweite

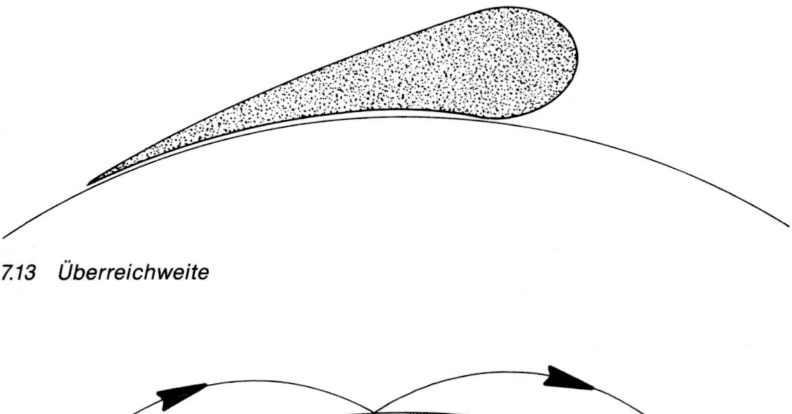

7.13 Überreichweite

7.14 Tunnelbildung

b) Überreichweite

Überreichweite nennt man die Erscheinung, bei der die Radarwellen stärker der Erdkrümmung folgen. Die Folge davon ist eine bisweilen erhebliche Vergrößerung der Reichweite.

Die Ursache ist warme Luft über kaltem Seewasser. Der Temperaturunterschied muß auch in diesem Fall mehr als 6° C betragen, was in unseren Breitengraden vor allem im Sommer bei ablandigem Wind vorkommen kann. Auch im Mittelmeer ist diese Erscheinung nicht ungewöhnlich.

Ein extremer Fall der Überreichweite ist die Tunnelbildung (*ducting*). Hierbei werden die Radarwellen ein oder mehrere Male von der Erdoberfläche und den höheren Luftgrenzschichten reflektiert, wodurch die Reichweite außerordentlich vergrößert wird. Auch diese Erscheinung kommt auf der Nordsee vor, des weiteren an der amerikanischen Atlantikküste und im Mittelmeer.

Hingegen können Nebel, Schneefall und Regen die Reichweite eines Radars negativ beeinflussen. Das Echo eines Objektes auf dem Radarschirm kann geschwächt werden, oder der Niederschlag kann als flockiges Echo erscheinen.

7.7 Geisterbilder auf dem Radarschirm

Zum Leidwesen des Beobachters rühren zahlreiche Echos auf dem Radarschirm nicht von festen Objekten her, die für ein Schiff eine Gefahr bedeuten oder im positiven Fall eine Navigationshilfe sein könnten. Nicht nur Tonnen, Baken, andere Schiffe und Küstenlinien zeichnen sich auf dem Radarschirm ab, sondern oft auch Dinge, die den Beobachter eher verwirren. Im einzelnen kommen folgende Störechos vor:

Seegangsechos (sea-clutter)

Werden die Radarimpulse von Wellenbergen reflektiert, erscheinen auf dem Radarschirm „flockige" Echos, die die echten Echos überlagern und damit unkenntlich machen können. Viele Radargeräte besitzen eine STC-

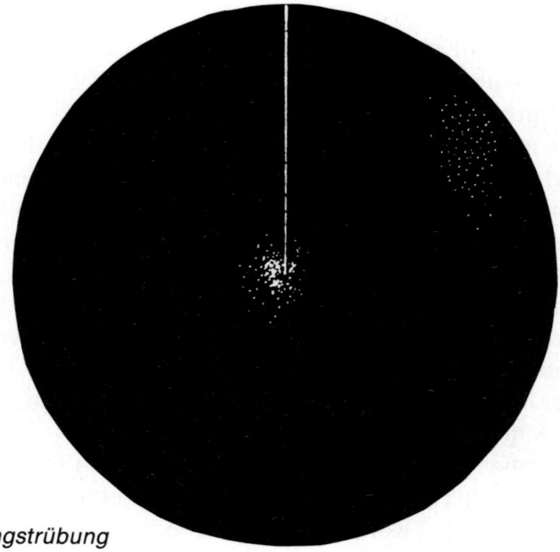

7.15 *Seegangstrübung*

Schaltung (Seegangs-Enttrübung) und eine FTC-Schaltung (Regen-Enttrübung). Allerdings muß man dabei bedenken, daß diese Enttrübungsschaltungen schöne Radarbilder erzeugen, jedoch kleine echte Echos unterdrücken können.

Scheinechos

Wenn ein vom Objekt reflektierter Impuls, bevor er von der Antenne aufgefangen wird, erst noch von einem anderen Objekt reflektiert wird, entstehen irreführende Echos, sogenannte Scheinechos.

Ein solches Scheinecho wird dann in der Verlängerung hinter dem echten Echo abgebildet, und zwar in einer Entfernung, die sich aus der zusätzlich zurückgelegten Distanz ergibt. In Abbildung 7.16 läuft der von A reflektierte Impuls nur teilweise direkt und zum Teil auf dem Umweg über die Küste zurück zur Antenne. Er suggeriert dem Beobachter ein zweites Objekt, das es in Wirklichkeit nicht gibt.

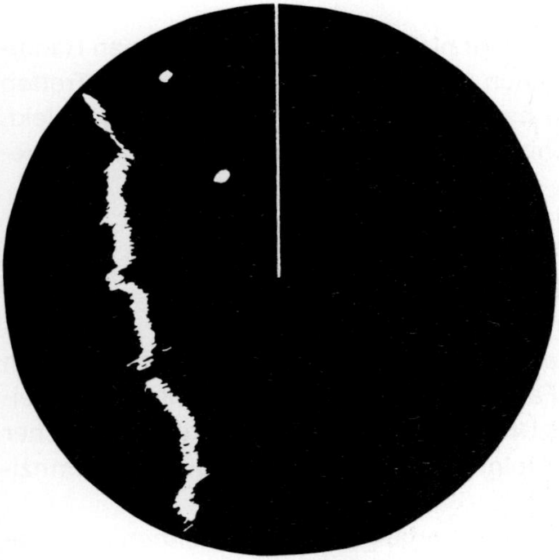

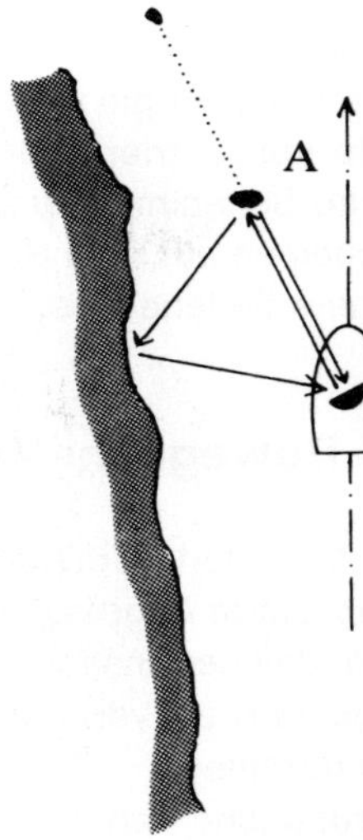

7.16 Scheinechos

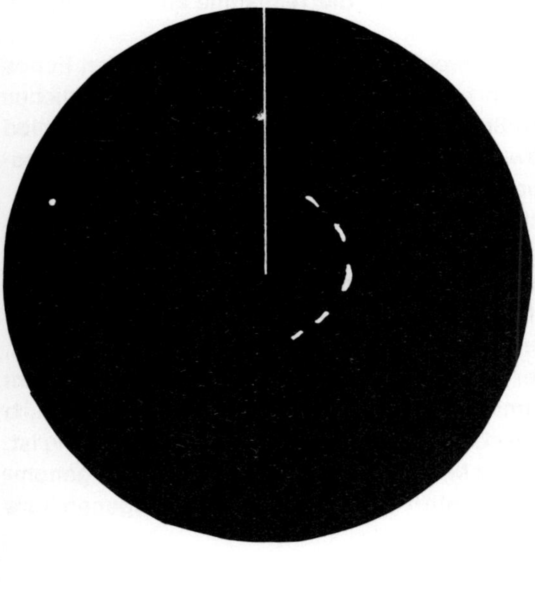

7.17 Seitenechos

Seitenechos
Die Impulsenergie wird wie erwähnt nicht in einer geschlossenen Radarkeule konzentriert, sondern auch in Seitenflügeln abgestrahlt. Treffen solche Seitenimpulse auf ein nicht allzu weit entferntes großes Objekt, erscheinen auf dem Radarschirm kreisförmig um den Mittelpunkt angeordnete Seitenechos.

7.8 Bewegliche Objekte

Das Verhüten von Kollisionen mit Hilfe des Radars ist eine ziemlich komplizierte Angelegenheit. Fachleute sind denn auch einhellig der Meinung, daß der unsachgemäße Umgang mit Radar Schiffskollisionen eher herbeiführt als verhindert. Im folgenden werden deshalb nur die Prinzipien dargelegt.

Gründliche Kenntnisse über den Umgang mit Radar können aus speziellen Fachbüchern, besser noch durch die Teilnahme an einem Radarkursus erworben werden.

Die Interpretation der von beweglichen Objekten herrührenden Echos verlangt vom Beobachter ein nur durch Übung erlernbares räumliches Vorstellungsvermögen. Die Schwierigkeit besteht darin, den Unterschied zwischen a) der Relativbewegung des Objekts *(target track)* und b) dessen wahrer Bewegung über Grund zu erkennen.

Die Bewegung des Lichtflecks auf dem Radarschirm ist relativ; das heißt, sie setzt sich aus Kurs und Geschwindigkeit des eigenen Fahrzeugs sowie der Bewegung des Objekts zusammen.

Das einfachste Beispiel hierzu liefert das Passieren einer Tonne, also eines Objekts ohne Kurs und Geschwindigkeit. Wie Abbildung 7.18 zeigt, bewegt sich das Echo der Tonne geradlinig von oben nach unten am Mittelpunkt vorbei und nimmt dabei nacheinander die Positionen a, b und c ein. Die eigene Schiffsposition, die in Wirklichkeit in Bewegung ist, liegt dabei immer genau in der Mitte des Radarschirms. Die wahrgenommene „Bewegung" des Objekts rührt einzig und allein vom eigenen Kurs und der Geschwindigkeit her.

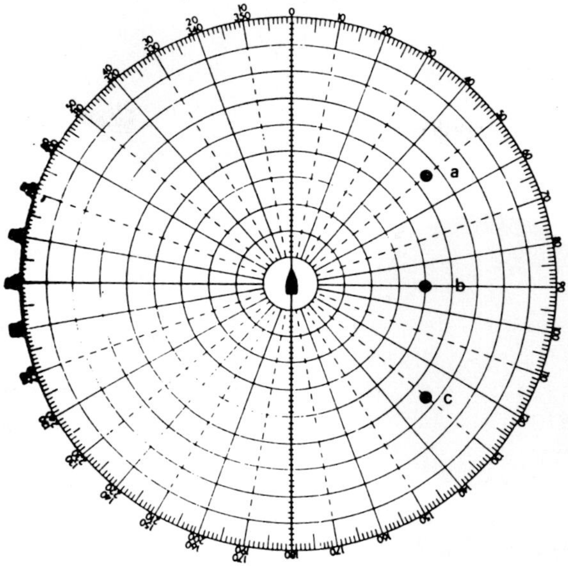

7.18 Passieren einer Tonne

Das nächste Beispiel soll zeigen, wie das Echo eines passierenden Schiffes am Mittelpunkt des Radarschirms vorbeizieht. Zeichnet man die drei Lichtflecke, wie sie zu den drei Zeitpunkten t_1, t_2 und t_3 auf dem Radarschirm erscheinen, auf ein Schirmbild, ist darauf der relative Kurs des Schiffes zu erkennen. Zeichnung 7.19 verdeutlicht, daß dieser Kurs nicht der Kompaßkurs ist. Der relative Kurs des Schiffes beträgt 47° und der Kompaßkurs 19°, wenn als eigener Kurs 0° anliegt.

Zur Bestimmung des Kompaßkurses wird eine Koppelkarte benötigt. In diese Karte werden in regelmäßigen Zeitabständen die auf dem Radarschirm ermittelten Peilungen und Entfernungen des vorbeifahrenden Schiffes eingetragen. Anhand dieser Karteneintragungen lassen sich sehr schnell sowohl der Kompaßkurs als auch die Geschwindigkeit des

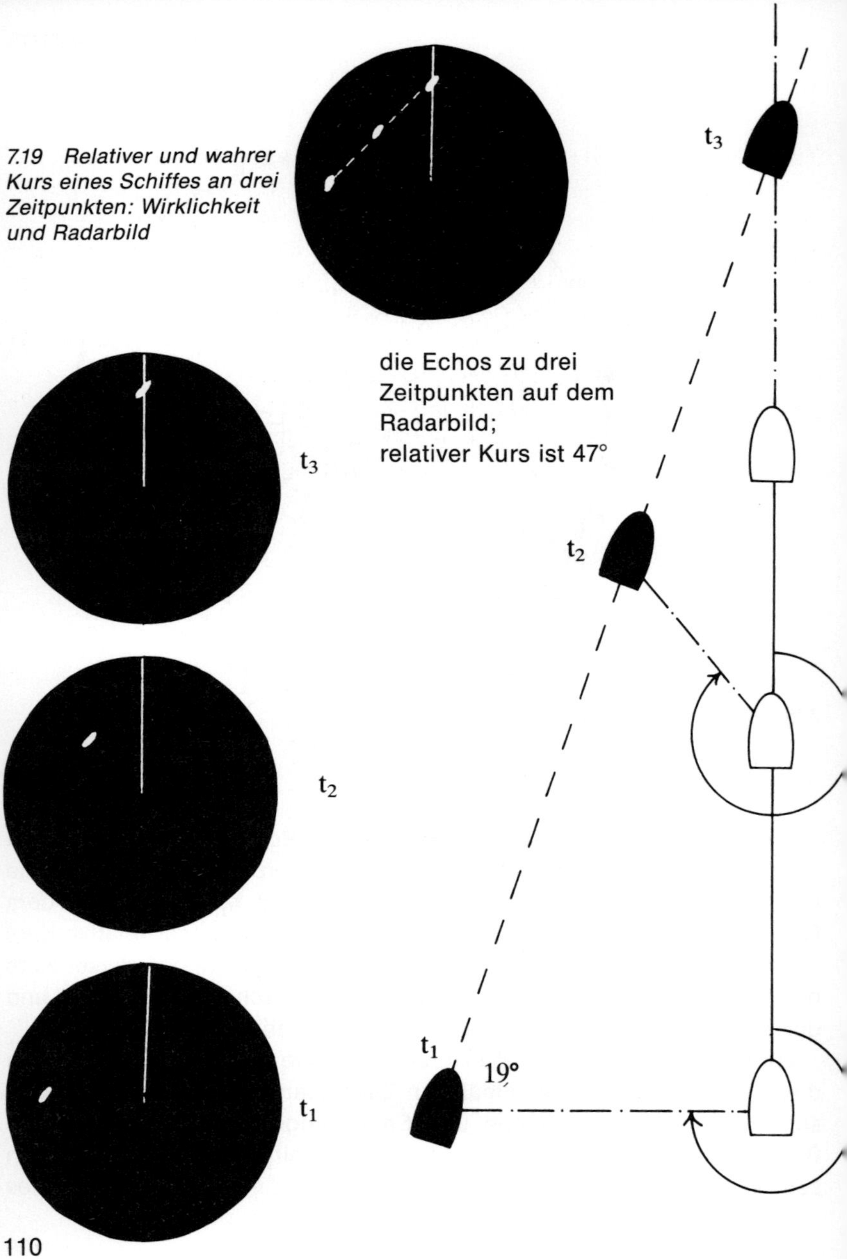

7.19 Relativer und wahrer Kurs eines Schiffes an drei Zeitpunkten: Wirklichkeit und Radarbild

Schiffes ermitteln. Bei vielen modernen Yachtradars läßt sich der Kompaßkurs direkt auf dem Radarschirm ablesen, indem eine gestrichelte Kurslinie *(target track)* durch die Echos gelegt wird. Das ändert jedoch nichts am Prinzip der Kursbestimmung, so daß im folgenden genauer beschrieben werden soll, wie Geschwindigkeit und wahrer Kurs eines anderen Schiffes durch Mitkopplung bestimmt werden. Bei diesem Verfahren kann selbstverständlich nur dann der rechtweisende Kurs direkt ermittelt werden, wenn die Gradeinteilung des Radarschirms vorher so gedreht worden ist, daß die Vorauslinie in die Richtung des eigenen rechtweisenden Kurses zeigt. So wird auch in den folgenden Koppelbeispielen vom rechtweisenden Kurs 0° ausgegangen.

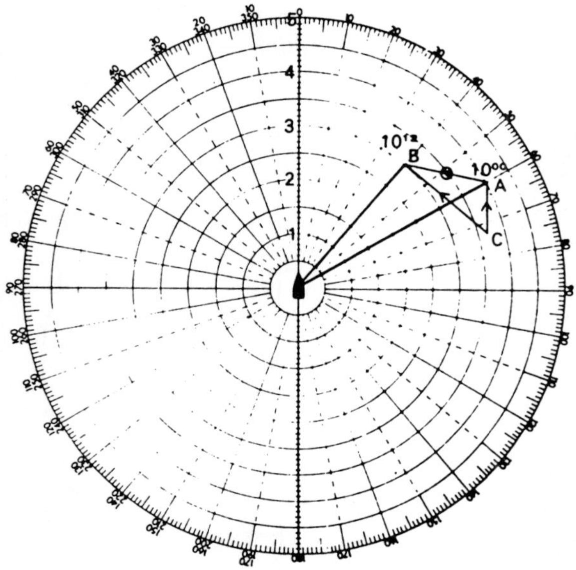

7.20 Mitkoppeln zweier Radarpeilungen

In die Koppelkarte werden die folgenden Werte übertragen:

1. Peilung 60° Stb., Entfernung 4 sm (A) 10.00 h
2. Peilung 40° Stb., Entfernung 3 sm (B) 10.12 h

Beim Mitkoppeln hat es sich als praktisch erwiesen, in Zeitintervallen von 6 Minuten zu rechnen, das ist eine Zehntelstunde.

Die Linie AB stellt die relative Bewegung des Objektes dar, das heißt, sowohl Kurs als auch Geschwindigkeit sind relativ zur eigenen Bewegung. Werden diese beiden Bewegungen jetzt gekoppelt, können daraus rechtweisender Kurs und wahre Geschwindigkeit abgeleitet werden. Dazu bringt man in A den eigenen Kurs (0°) und die eigene Geschwindigkeit in entgegengesetzter Richtung an und erhält die Linie AC. Länge und Richtung der Linie CB ergeben den rechtweisenden Kurs und die wahre Geschwindigkeit des anderen Schiffes.

Hat das Schiff in 12 Minuten die Linie CB zurückgelegt (z. B. 2 sm), beträgt die in Wirklichkeit pro Stunde zurückgelegte Entfernung das Fünffache, also 5 × 2 sm = 10 sm, die Geschwindigkeit also 10 kn.

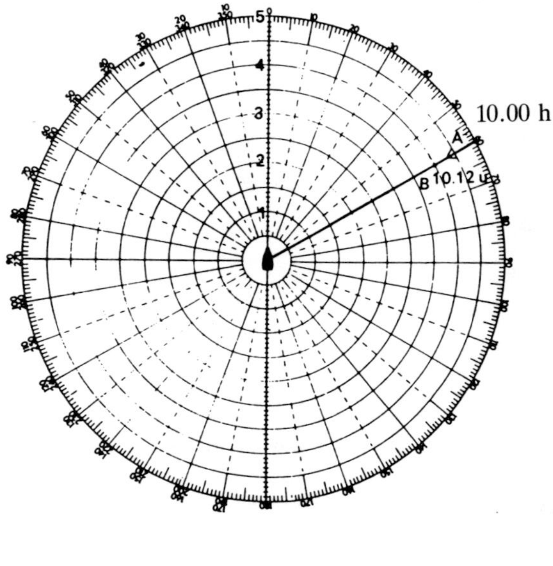

7.21a Kollisionskurs

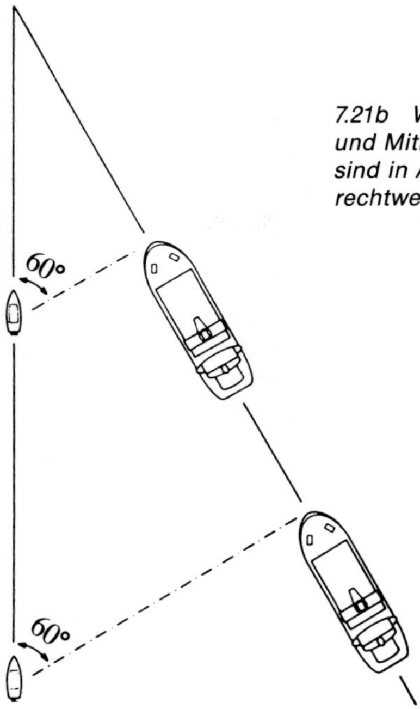

7.21b Wahre Situation; Wahrnehmungen und Mitkopplung auf der Koppelkarte sind in Abb. 7.21a wiedergegeben. Eigener rechtweisender Kurs 0°

Ein weiteres Beispiel:

Angenommen, um 10.00 h wird ein Schiff auf 60° (wohlgemerkt: 60° relativ zum eigenen Kurs) und in einer Entfernung von 5 sm gepeilt. Die Peilung wird auf die Koppelkarte übertragen (siehe Punkt A in Abb. 7.21). Um 10.12 h ist die Peilung unverändert 60°, jedoch ist das Schiff nähergekommen, beispielsweise 1 sm, und liegt damit jetzt in 4 sm Entfernung auf Punkt B. Auch diese Peilung wird in die Karte übernommen. Zieht man jetzt eine Linie von A durch B und weiter, wird man erkennen, daß das andere Schiff auf Kollisionskurs liegt, da die Linie genau durch den Mittelpunkt des Radarschirms verläuft.

Diese Situation ist jedem Yachtskipper aus der Sichtnavigation bekannt: Ändert sich die Peilung eines anderen Schiffes über einen längeren Zeitraum nicht, heißt es aufgepaßt – Kollisionskurs! Mit Radar ist dies also auch festzustellen, vorausgesetzt, daß das Objekt eine Zeitlang beobachtet und mitgekoppelt oder daß der Peilstrich *(EBM)* auf das Echo gebracht wird. Abbildung 7.21 b zeigt, wie die auf dem Radarschirm beobachtete Situation in Wirklichkeit aussieht.

Es ist stets wichtig zu wissen, in welcher kürzesten Entfernung die beiden einander näherkommenden Schiffe passieren werden, auch wenn kein direkter Kollisionskurs anliegt. Diese kürzeste Entfernung läßt sich auch in der Koppelkarte konstruieren, siehe Abbildung 7.22. Hierzu wird im ersten Koppelbeispiel, Abbildung 7.20, die Verbindungslinie AB, also von der 1. zur 2. Peilung, weitergezogen. Zieht man jetzt die Senkrechte ML durch den Mittelpunkt des Radarschirms auf die Verlängerung von AB, dann stellt – vorausgesetzt, beide Schiffe behalten Kurs und Geschwindigkeit bei – die Entfernung ML die kürzeste Annäherungsdistanz dar.

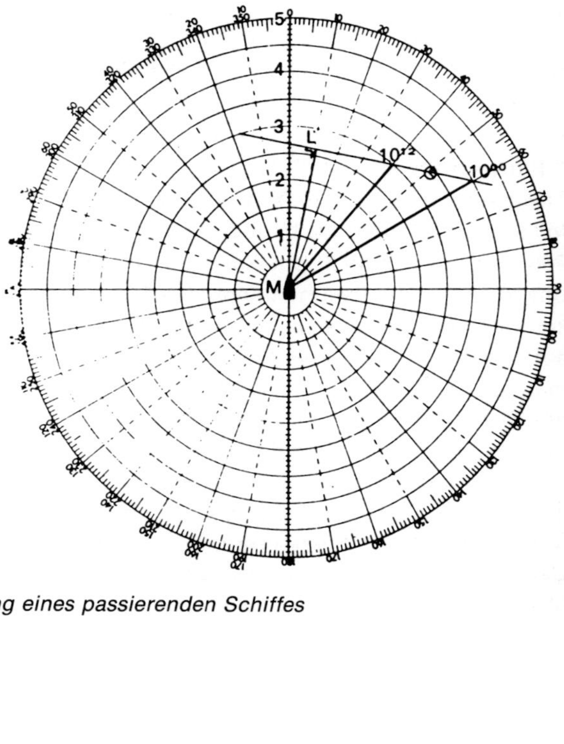

7.22 Kürzeste Entfernung eines passierenden Schiffes

Man sieht, das Vermeiden von Kollisionen mit Hilfe des Radars ist nicht so einfach. Neuzeitliche Radaranlagen sind mit einem Mitkoppelautomaten (ARPA) ausgestattet. Dieser nimmt dem Navigator zwar das Arbeiten in der Koppelkarte ab, muß jedoch vorher mit den Daten für Kurs und Geschwindigkeit gefüttert werden.

7.9 Radarbaken

Die Verwendung von Radar als Navigationshilfe beschränkt sich nicht auf visuell erkennbare und den Radarstrahl nur reflektierende Landmarken und Seezeichen. Eine wesentliche Vereinfachung, insbesondere was die Erkennung auf dem Radarschirm betrifft, sind sogenannte Radarbaken, von denen es zwei Arten gibt: *Racon* und, weniger oft anzutreffen, *Ramark*. Ein Racon (*Radar Beacon*) ist ein durch Radarimpulse zu aktivierendes Seezeichen. Fängt es die Impulsenergie eines Radarstrahls auf, sendet es selbst Radarimpulse aus. Diese praktisch ohne Verzögerug abgestrahlten Impulse werden von der Bordantenne aufgefangen und sehr deutlich auf dem Radarschirm abgebildet.

Solch ein gewissermaßen aktives Echo hat eine Kennung in Form eines Morsekodes, wodurch Irrtümer bei der Identifizierung so gut wie ausgeschlossen sind. Das Echobild ist eine deutlich sichtbare, radial gerichtete Folge von Punkten und Strichen, deren dem Mittelpunkt des Radarschirms nächstgelegener Teil den Standort des Racons angibt.

Abbildung 7.23a zeigt ein auf eine Tonne montiertes Racon, wie man es auf See antreffen kann. In Abbildung 7.23b ist ein Racon-Echo auf dem Schirm zu erkennen; das Morsezeichen ist der Buchstabe B: –... (lang-kurz-kurz-kurz). Das Signal hebt sich klar ab, die Morsekennung ist eindeutig auszumachen; Peilung und Entfernung sind mit Peilstrich und Distanzring zu bestimmen.

7.23a Ein auf eine Tonne montiertes Racon

Im Nautischen Funkdienst Band II sowie in Seehandbüchern und Nautischen Almanachen wie dem *Macmillan* und dem *Reed's* sind die notwendigen Angaben für Radarbaken aufgeführt. Als Beispiel dient uns hier die Ansteuerung von Rotterdam: Maas Center Lt Buoy, wie sie im *Macmillan* steht (siehe Tabelle).

Unter *Type,* Spalte 2, findet man bisweilen nicht Racon, sondern *Fracon.* Das F vor dem Wort kommt von *fixed,* das heißt, diese Radarbaken antworten auf einer festen Radarfrequenz außerhalb des üblichen Frequenzbereichs. Stimmt der Navigator das Radargerät auf diese Frequenz ab, werden andere, möglicherweise störende Echos unterdrückt.

Sweep time ist die Zeit in Sekunden, die die Elektronik benötigt, um den gesamten Radarfrequenzbereich zu „durchlaufen". Im genannten

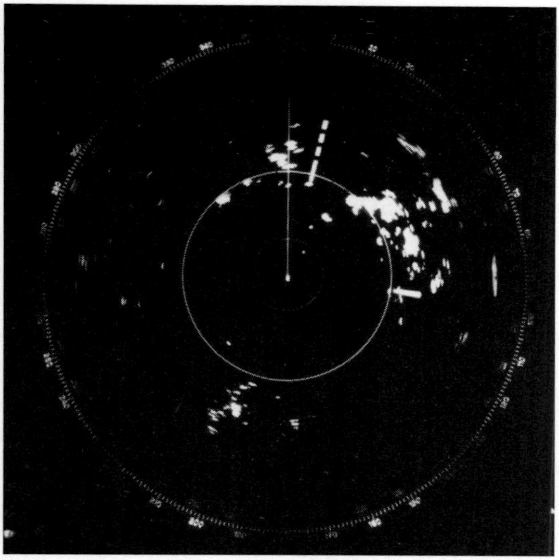

7.23b Ein Racon-Signal als Morsekode auf dem Radarschirm

(1) No.	(2) Type	(3) Name	(4) Lat	Long	(5) Sweep time	(6) Sector	(7) Approx range	(8) Form of flash
BELGIUM AND NETHERLANDS								
401	Racon	Noord Hinder Lt V	52°00′.2N	2°51′.2E	120s	360°	6–10 nm	—
403	Racon	Noord Hinder Buoy NHR-SE	51°45′.5N	2°40′.0E	120s	360°	10 nm	N
405	Racon	Noord Hinder Buoy NHR-N	52°13′.3N	2°59′.5E	120s	360°	10 m	K
407	Racon	Schouwenbank Lt Buoy	51°45′.0N	3°14′.4E	120s		10 nm	O
409	Racon	Goeree Lt	51°55′.5N	3°40′.2E	100s	360°	14–20 nm	—
411	Racon	Maas Center Lt Buoy	52°01′.2N	3°53′.6E	120s	360°	8 nm	M
413	Racon	IJmuiden Lt Buoy	52°28′.7N	4°23′.9E				Y
415	Racon	Texel Lt V	52°47′.1N	4°06′.6E	120s	360°	6–10 nm	—
417	Racon	Petroland Production Platform	53°43′.5N	4°05′.9E				B
419	Racon	DW Lt Buoy	54°02′.4N	4°44′.3E	120s	360°	6–10 nm	M

Beispiel bedeutet dies, daß vom Moment des Auftreffens des ersten Radarimpulses bis zum ersten Empfang des Signals 2 Minuten vergehen, bis dieses auf dem Radarschirm sichtbar wird.

Der *Sector* gibt an, in welchem Winkelbereich die Radarbake aktiv ist. ‚Maas Center' arbeitet rundum.

In Spalte 8, *Form of flash,* schließlich steht der Morsebuchstabe, in dem die Radarimpuls-Kennung gesendet wird, hier ein M: – – (lang-lang). Steht dort nur ein Strich, dann hat die Radarbake keine Kennung und das Echo wird nur als ein radial gerichteter Strich auf dem Radarschirm abgebildet.

Ein *Ramark* ist eine seltener anzutreffende Radarbake, die dem Skipper nur einen langen Strich auf dem Radarschirm liefert. Dieser Strich eignet sich zwar bestens für eine Peilung, nicht jedoch für eine Entfernungsbestimmung, es sei denn, die Bake befindet sich an einer Küste, die deutlich auf dem Radarschirm erkennbar ist.

7.10 Küstennavigation mit Radar

Obwohl Radar eine gute Navigationshilfe in Küstennähe sein kann, muß man sich klarmachen, daß sich nur allzu leicht Fehler einschleichen können. Einige der möglichen Fehlerquellen wurden bereits genannt, sie werden der Vollständigkeit halber an dieser Stelle nochmals erwähnt.

- Werden Kreuzpeilungen von Landmarken genommen, müssen diese Marken auf der Karte exakt mit den auf dem Radarschirm sichtbaren übereinstimmen.
- Niedrige Küsten liefern keine deutlichen Echos.
- Höher gelegene Objekte fallen in großer Entfernung oft zu einem einzigen Echo zusammen.
- Peilungen können durch „Verzerrung" des gepeilten Objekts ungenau werden, siehe Abbildung 7.8.

Abbildung 7.24 zeigt zwei Landzungen. Die Küstenformation ist nicht sehr hoch, etwa 10 Meter über Kartennull, hingegen liegen weiter landeinwärts Hochebenen mit Höhen von 110 und 150 Metern ü. M.

Kommen diese Huks in den Bereich des Radars, können sie zur Standortbestimmung für eine Kreuzpeilung genutzt werden. Die Radarortung in der Seekarte könnte dann folgendermaßen aussehen: Die Vorauslinie weist auf 0°, der Kompaßkurs beträgt 120°, Mißweisung −5°, Ablenkung 0°. Die Radarseitenpeilung auf die Landzunge an Bb. ergibt 195° und an Stb. 260°. Die zugehörigen Kompaßkurse sind 195° + 120° = 315° und 260° + 12° = 380°. Nach Kursverwandlung erhält man die rechtweisenden Peilungen 310° und 15°. Der hiermit erhaltene Standort ist in der Karte eingetragen (durchgezogene Linien). Nun ist es durchaus möglich, daß die Landechos, die auf dem Radarschirm erscheinen, nicht mit den wirklichen Küstenlinien übereinstimmen. Sehr wahrscheinlich wurden die Peilungen auf die höher gelegenen Landerhebungen genommen, wenn die Entfernung zu den Landzungen noch groß war. Die hochgelegenen Küstenteile liefern nämlich bei der Annäherung zuerst ein Echo, vor allem wenn die Küste nur langsam ansteigt. Der mit Radarpeilung erhaltene Standort kann somit erheblich von der wirklichen Position abweichen. Eine zuverlässige Ortsbestimmung erhält man daher nur, wenn sowohl die Hochebene als auch die Küste in Meereshöhe innerhalb der Reichweite des Radars liegen.

Ein weiteres Beispiel: Dieses Mal ist der Strom der Übeltäter. Eine Sandbank muß an der Westseite passiert werden, sie wird von einer Bakentonne markiert, siehe Abbildung 7.25.

Um über Grund einen rechtweisenden Kurs 0° zu fahren, muß 340° gesteuert werden. Nach einiger Zeit wird die Sicht schlecht, und das Radar wird eingeschaltet.

Das nun erscheinende Radarbild zeigt Abbildung 7.25a, der Lichtfleck ist das Echo der Bakentonne. Der erste (beruhigende) Gedanke beim Betrachten dieses Radarbildes ist natürlich: keine Gefahr, die Bakentonne bleibt an Stb. Mit etwas Nachdenken und bei genauerem Hinsehen stellt sich die Situation jedoch anders dar. Die Peilung der Bakentonne ergibt eine Entfernung von 1,5 sm bei 350°. Weil die falsche Interpretation des Radarbildes der Situation 7.25b den nach Ost setzenden Strom nicht berücksichtigt, droht eine Strandung auf der Sandbank. Selbst ein noch westlicherer Kurs könnte dem Skipper vorgaukeln, daß er die Tonne an

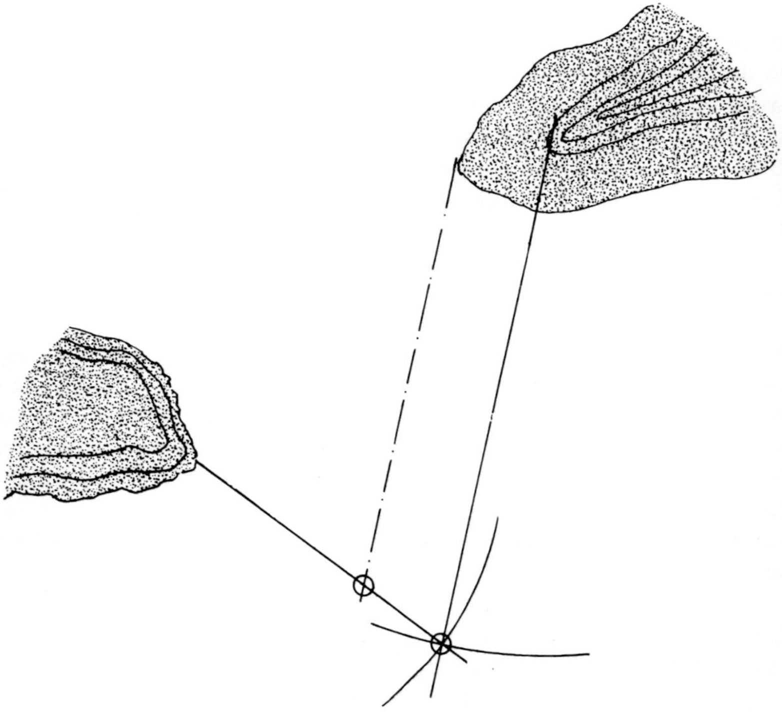

7.24 *Kreuzpeilung mit Radar*

der richtige Seite passieren wird. Dieser Irrtum kommt allerdings nicht nur beim Gebrauch des Radars vor, auch bei Funkpeilungen kann man ihm erliegen. Es lohnt sich darum immer, seine Peilungen sorgfältig auszuwerten und notfalls zu wiederholen.

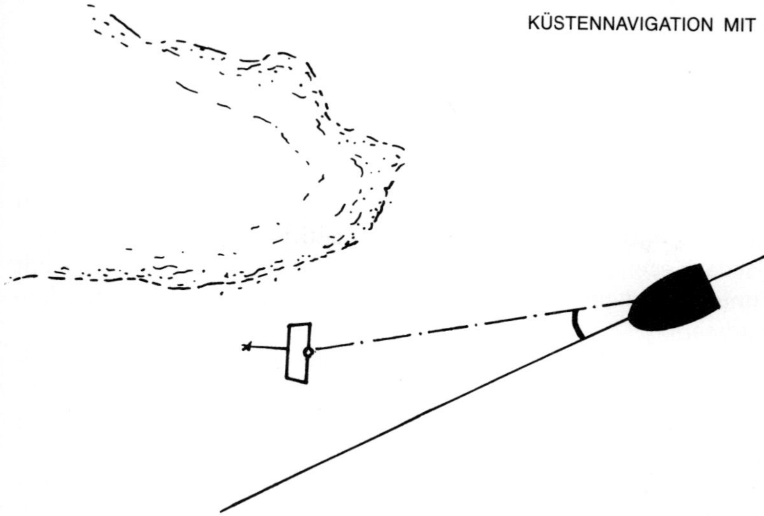

7.25b Wirkliche Situation: ostwärts setzender Strom

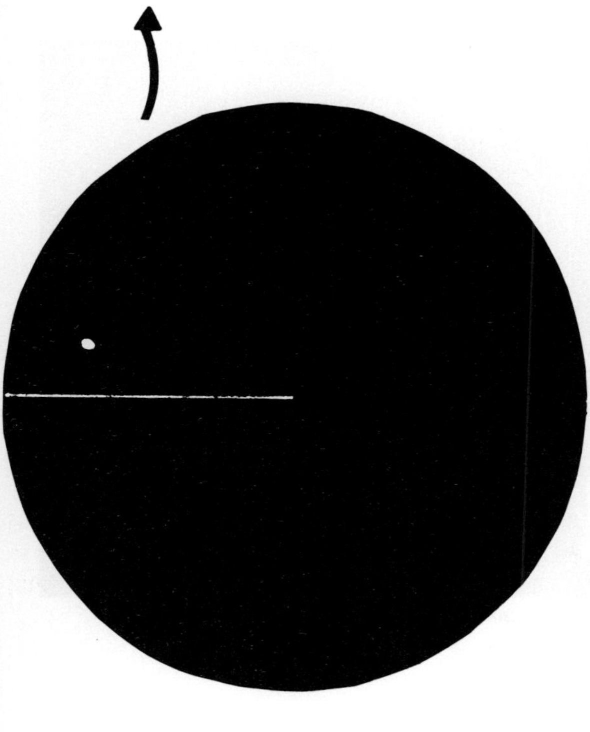

7.25a Radarpeilung einer Bakentonne

7.11 Finessen

In den letzten Jahren wurde die Auswertung von Radarbildern durch zahlreiche technische Feinheiten vereinfacht, jedoch so ganz kinderleicht ist das Lesen der Echos immer noch nicht. Einige Neuigkeiten sind:

- Die unterschiedliche Farbwiedergabe verschieden starker Echos *(colour screen)*.
- Die digitale Anzeige einer Peilung mit Hilfe des elektronischen Peilstrichs (EBM); hierzu wird erst der Peilstrich auf das Echo gebracht und anschließend auf einem Display die Peilung abgelesen (Abbildung 7.26).
- Die Abbildung der relativen Bewegung eines Objekts auf dem Radarschirm in der Form eines durchlaufenden Strichechos, siehe Abbildung 7.27. Erreicht wird dieser Effekt durch eine Verlängerung der

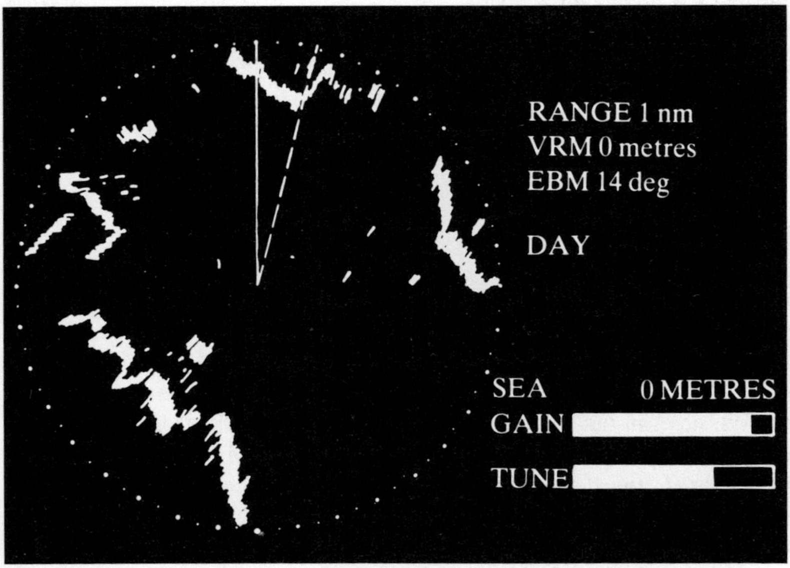

7.26 Ablesen einer Peilung: hier 14°

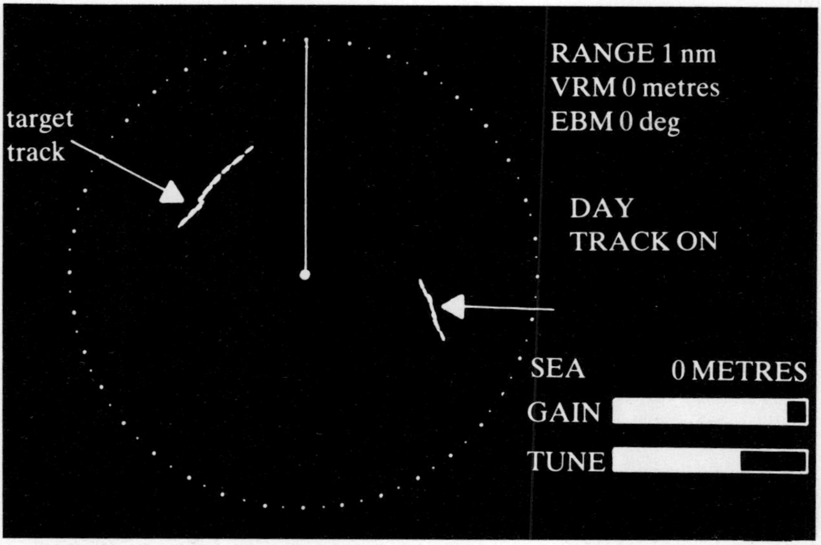

7.27 Durchlaufendes Strichecho (target tracks)

Nachleuchtzeit. Damit ist ohne langes Koppeln eine grobe Sofortschätzung möglich, ob die Gefahr einer Kollision gegeben ist oder nicht. Diese Abbildungsmethode *(target track)* liefert dem Navigator selbstverständlich nicht gleich den Kurs des anderen Schiffes; dazu müssen, wie oben erläutert, Kurs und Geschwindigkeit des eigenen Schiffes einbezogen werden.

- Annäherungsalarm: Erreicht ein Objekt, fest oder beweglich, eine vorher festgelegte Sicherheitszone rund um das Schiff *(guard zone),* wird ein Warnsignal ausgelöst *(proximity alarm),* Abbildung 7.28.
- Ist die Radaranlage mit einem Satellitennavigationssystem gekoppelt, kann das Radar auch als Koppelsystem für den eigenen Kurs verwendet werden. Man sieht dann den eigenen Kurs über den Radarschirm wandern, und der Standort wird mit Längen- und Breitengraden eingeblendet.

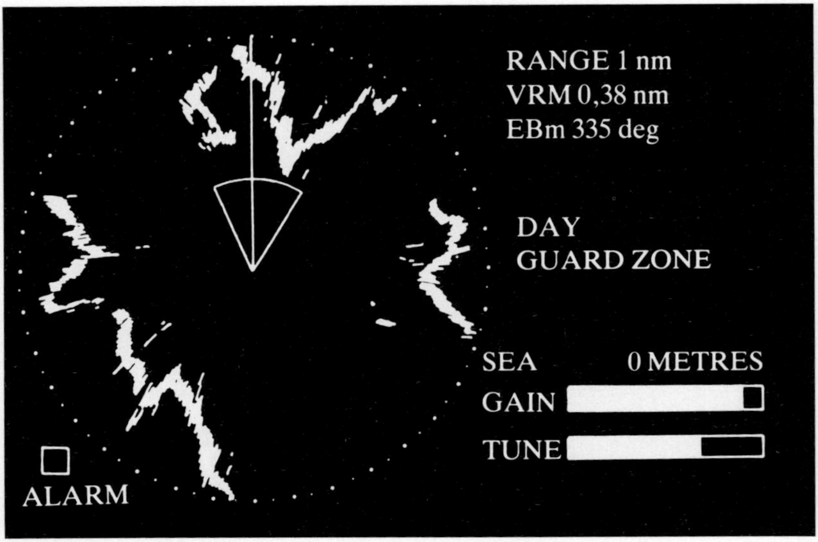

7.28 Sicherheitszone (guard zone)

7.29 Bedienungssymbole einer Radaranlage, gemäß den Empfehlungen der IMCO (Inter-governmental Maritime Consultative Organization), 1973.

	off Aus		radar stand-by Radar in Bereitschaft
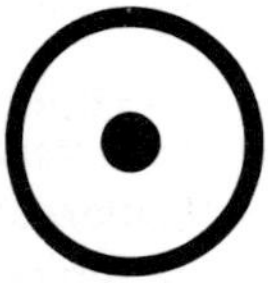	radar on Radar ein		aerial rotating Antenne dreht

	north up presentation Wahre Kurslinie (nordorientierte Skala)
	ship's head up presentation Kurslinie recht voraus (vorausorien-tierte Skala)
	heading marker alignment Ausrichten der Vorauslinie
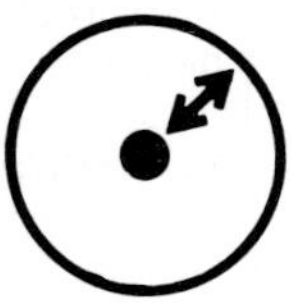	range selector Wählschalter Reichweite
	short pulse Kurze Impulse

	long pulse Lange Impulse
	tuning Abstimmung
	gain Verstärkung
	anti-clutter rain minimum Regen-Enttrübung minimal
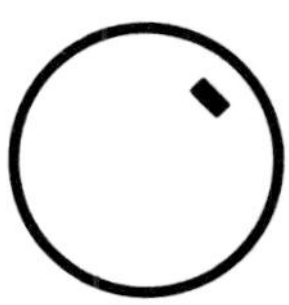	anti-clutter rain maximum Regen-Enttrübung maximal

	anti-clutter sea minimum Seegangs-Enttrübung minimal
	anti-clutter sea maximum Seegangs-Enttrübung maximal
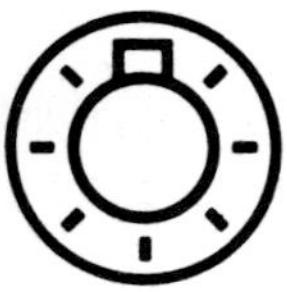	scale illumination Skalen-beleuchtung
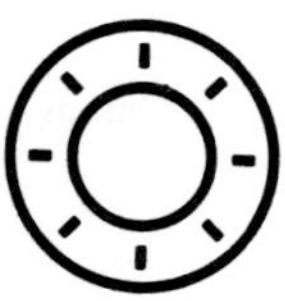	display brilliancy Helligkeit Display
	range rings brilliance Helligkeit der Ab-standsringe

	variable range marker Einstell-barer Ab-standsring
	bearing marker Peilstrich
	transmitted power monitor Impuls-Sende-leistung, Anzeige
	transmit receive monitor Stärke des Empfangs-signals

7.12 Übungsfragen

1. In welcher Entfernung kann ein 36 m hohes Kap ausgemacht werden, wenn die Antennenhöhe 9 m beträgt?
2. Auf dem Radarschirm wandert ein Echo in 6 Minuten 1 sm weiter. Der relative Kurs beträgt dabei 180°, der Schiffskurs 0° und die Geschwindigkeit 5 Knoten. Wann kommt es zur Kollision, wenn um 14.00 h der Abstand 3 sm betrug?
3. Unter welchen Umständen kann der Radarbereich größer als „normal" sein?
4. Welchen Einfluß kann die Breite der Radarkeule auf die Objekterkennung haben?
5. Der eigene rechtweisende Kurs beträgt 0°, die Geschwindigkeit 5 kn. Auf dem Radarschirm erscheint ein Objekt; um 14.00 h wurde es auf 60° gepeilt, die Entfernung betrug 4 sm, um 14.12 h betrugen diese Werte 40° und 3 sm. In welcher kürzesten Entfernung und wann wird das andere Schiff passieren, wenn beide Geschwindigkeiten und Kurse unverändert bleiben? Was ist der rechtweisende Kurs des anderen Schiffes?
6. Der Winkel der Radarkeule beträgt 2°. Ist damit in 10 sm Entfernung von der Küste eine 100 m breite Einfahrt zu erkennen?

Anhang A

Antworten

Kapitel 3, Funkwellen

1. Die Wellenlänge λ nimmt ab.
2. 3 MHz = 3 000 000 Hertz
3. Eine größere Entfernung
4. Nachts
5. Boden- und Raumwelle sind phasenverschoben.

Kapitel 4, UKW-Funkfeuer

1. Der Nullradius ist die Linie, in der sich die UKW-Signale der beiden Sender eines Funkfeuers gegenseitig auslöschen.
2. Die Reichweite eines UKW-Funkfeuers beträgt etwa 20 Seemeilen.
3. Die Bezugsrichtung ist die Peilung des Nullradius in genau dem Moment, in dem der 7. Piepton ertönt.
4. Die Energie des Senders, vor allem jedoch die Erdkrümmung (siehe auch Kapitel 3).
5. Nachschlagen im *Macmillan* oder *Reed's Almanac:* Kanal 88

Kapitel 5, Decca, Loran, Omega

1. Eine Hyperbel ist die Verbindungslinie aller Punkte, deren Entfernungsunterschied von zwei festen Punkten, den sogenannten Brennpunkten, gleich ist.
2. Eine *Lane* ist die Zone zwischen zwei Hyperbeln, in der die Phasendifferenz der Master- und Slave-Signale nicht null ist.
3. Auf der Verbindungslinie, da hier die *Lanes* am schmalsten sind.
4. Drei: 1 Haupt- und zwei Nebensender.

5. Siehe Kapitel 3: Eine elektromagnetische Welle von 250 kHz hat eine Wellenlänge $\lambda = 300\,000/250 = 1{,}2$ km. Die Breite eines *Streifens* auf der *Basislinie* ist $\lambda/2 = 0{,}6$ km. Es liegen dann auf der Länge der *Basislinie 99,6/0,6 km = 166 Lanes*.
6. Ein Wegpunkt ist ein Kursänderungspunkt, der dem Navigationsgerät zu weiteren Berechnungen eingegeben wird.
7. Nur dann kann das DECCA-Navigationsgerät die jeweilige Null-Hyperbel und den Streifen, in dem sich der Standort befindet, ermitteln.
8. Durch ungenaues Koppeln kann das Navigationsgerät nicht immer den richtigen Streifen ermitteln, in dem der Standort liegt. Dies nennt man *Lane slipping.*
9. Nachts, denn dann können phasenverschobene Raum- und Bodenwellen gleichzeitig die Empfangsantenne erreichen.
10. Nein; der Wirkungsbereich der DECCA-Ketten reicht weder bis Island noch bis Nizza.
11. Multi-Puls-Signale sind DECCA-Signale mit niedrigerer Frequenz als die normalen Signale. Diese eigentlich nur zur Streifenerkennung *(lane identification)* dienenden MP-Signale werden von den meisten Yacht-Navigationsgeräten zur Ortsbestimmung verwendet.
12. Die Raumwellen überbrücken die größeren Entfernungen.
13. Bei einer Entfernung von 800 sm wird (noch) die Bodenwelle verwendet.
14. Nein, siehe Abb. 5.13
15. Die OMEGA-Signale haben die niedrigere Frequenz (größere Wellenlänge), da nur die längeren elektromagnetischen Wellen der Erdkrümmung folgen können.

Kapitel 6, Satellitennavigation

1. Mit dem GPS- (NAVSTAR-)Verfahren läßt sich zu jedem beliebigen Zeitpunkt ein Standort bestimmen, man braucht nicht wie beim TRANSIT-Verfahren auf einen Satellitendurchgang zu warten.
2. Unter *Pseudo-range* versteht man die Entfernung zwischen Schiff und Satellit, die aufgrund der Uhrenabweichung nicht exakt bestimmt werden kann.

3. Das GPS-Verfahren benötigt mindestens 3, das TRANSIT-Verfahren nur einen Satelliten für eine Ortsbestimmung.
4. Wenn der TRANSIT-Satellit nicht hoch genug über dem Horizont erscheint.
5. Nein.
6. Falls sich an Bord eine mit den Satelliten-Atomuhren synchron gehende Uhr befindet und der Standort näherungsweise bekannt ist (Koppelbesteck).

Kapitel 7, Radar

1. $2{,}20 \times (\sqrt{9} + \sqrt{36}) = 19{,}8$ sm.
2. Um 14.18 h; die Bewegung des Echos auf dem Radarschirm impliziert die eigene Schiffsbewegung.
3. Bei Überreichweiten; diese können auftreten, wenn warme Luft über das kalte Seewasser streicht. Auch kann Tunnelbildung (*ducting*) zu einer Vergrößerung des Radarbereichs führen.
4. Ist die Enfernung zwischen der Antenne und zwei nahe beieinanderliegenden Objekten sehr groß, werden diese nicht mehr als getrennte Objekte wahrgenommen.
5. Die kürzeste Entfernung zwischen beiden Schiffen beträgt etwas mehr als 2,5 sm; das andere Schiff wird um 14.27 h recht voraus stehen. Der rechtweisende Kurs dieses Schiffes beträgt 315°.
6. Nein; bei der gegebenen Entfernung von 10 sm und dem Radarkeulenwinkel von 2° muß die Mindestbreite des Objekts 0,35 sm sein.

Anhang B

Bibliographie

Blewitt, M. *Astronomische navigatie voor zeilers en motorbootvaarders,* Hollandia, Baarn 1979.
Bole, A. G. & K. D. Jones *Automatic Radar Plotting Aids Manual,* Heinemann, London 1984.
Brown, E. B. *Radar Navigation Manual (3. Aufl.), Defense Mapping Agency,* Washington 1979.
Dixon, C. *Navigation by Pocket Calculator,* Granada Publishing, New York 1979.
Hayman, B. *Seinboek voor jachten,* Hollandia, Baarn, 1985.
Maloney, E. S. *DUTTON's Navigation & Piloting,* (13. Aufl.), Naval Institute Press, Annapolis 1978.
Moss, W. D. *Radar Watchkeeping,* The Maritime Press Limited, London 1965.
Pike, D. *Elektronische navigatie voor kleine vaartuigen,* Hollandia, Baarn 1978.
Rietveld, T. & A. van Groeningen, *Kustnavigatie, een instructieboek,* Hollandia, Baarn 1982.
Sonnenberg, G. J. *Elektronische navigatiemiddelen,* Ausgabe Sonnenberg, 1975.
The Institute of Navigation: Washington DC, Global Positioning System, papers published in *Navigation,* 1980.
Wilkes, K. *Jachtnavigator op open zee,* Holland, Baarn 1978.

Anhang C

Stichwortregister